Les Femmes illustres

1642

Madeleine de Scudéry

1000651707

© côté-femmes éditions
4 rue de la Petite-Pierre,
75011 Paris.

Dépot légal : 1er trimestre 1991

ISBN 2-907883-24-0

Les Femmes illustres

1644

Madeleine de Scudéry

Préface de Claude Maignien

côté-femmes éditions

Préface

Les œuvres de Madeleine de Scudéry ont, pour plusieurs raisons, un statut bizarre.

Commentés en extraits choisis, imposés dans les manuels scolaires, ses ouvrages ne sont jamais lus. Elément péremptoire de cette méconnaissance, ses livres, très volumineux, restent enfouis dans les bibliothèques, en éditions originales du XVIIᵉ siècle inaccessibles au grand public. Il semble impossible de rééditer les interminables Cyrus et Clélie de plus de dix volumes et mille pages chacun [1].

On connaît d'elle la célèbre *Carte du Tendre* et quelques anecdotes associées aux comédies de Molière : *Les Précieuses ridicules* et *Les Femmes savantes*. Parler de la littérature précieuse c'est, pour la plupart d'entre nous, les « non spécialistes », associer des idées toutes faites qui tendent à la ridiculiser. La collusion entre précieuses et ridicules est inévitable, on fait confiance à Molière davantage passé à la postérité, toujours considéré comme un auteur actuel qui semble leur faire du tort dans sa comédie ouvertement satirique, première attaque des vices de ses contemporains.

C'est la description d'une société de snobs dont le souci essentiel est de se distinguer du vulgaire par l'élaboration artificielle d'une langue riche en métaphores où, de surenchère en surenchère, le langage devient incompréhensible, hermétique, véritable galimatias des héroïnes Cathos et Madelon.

Mademoiselle de Scudéry a beaucoup écrit et son succès a été

---

1. Alain Niderts a réédité un roman court de Madeleine de Scudéry : *Célinte*. Nouvelle Première, Paris, A. Courbé, 1976, 394 p.

7

immédiat. Pour la première fois et sous le masque transparent d'une histoire à l'antique, un auteur a mis en scène ses contemporains dans des romans à clef, en des portraits à peine voilés. Aujourd'hui, les personnages affublés de noms romains perses ou africains ont emporté leurs secrets dans leurs tombes. Le lecteur non averti se perd infailliblement, malgré le *Dictionnaire des Précieuses* (de Somaize) [1], ce qui rend délicate la tâche de l'historien qui veut se faire une opinion.

J'avoue avoir fait davantage un travail de compilation que de recherche dans l'ensemble de cette littérature.

Les ouvrages sont attribués sur la page de titre à Monsieur de Scudéry, frère de Madeleine qui a signé presque tous ses romans. Qui en est l'auteur ? On pense à la fiction imaginée par Virginia Woolf à propos de Judith Shakespeare [2], sœur douée du grand dramaturge qui « devenue folle, se serait tuée ou aurait terminé ses jours dans quelque chaumière éloignée de tout village, mi-sorcière, mi-magicienne, objet de crainte et de dérision ». Mais que dire d'une femme, magnifiquement douée par rapport à son frère au XVIIᵉ siècle, et dont celui-ci se serait attribué les œuvres et les privilèges de celle-ci ?

Si la situation est inversée, il s'agit pourtant tout aussi bien d'une femme écrivain sacrifiée aux conventions sociales d'une époque, peu originale en cela, qui haïssait les femmes auteurs et les femmes savantes.

Dans le Grand Siècle, c'est la bienséance qui règle les rapports humains, en vue d'assurer une vie sociale harmonieuse qui maintient les femmes dans une position subalterne par les nombreuses interdictions imposées.

Pour Nicole Aronson [3], si Madeleine de Scudéry a écrit plus de

1 Somaize, le *Dictionnaire des Précieuses*, republié par Jeannet Editeur en 1856, deux volumes.

2. Cité par Christine Planté, *La Petite Sœur de Balzac*, édition du Seuil, Paris, 1989.

3. Nicole Aronson, *Mademoiselle de Scudéry ou le voyage au pays du Tendre*, éditions Fayard, 1986.

trente volumes sans en signer aucun, c'est parce que, « esprit lucide, elle analyse les conditions dans lesquelles elle se trouve et essaie d'adopter la solution la plus logique et la plus pratique, pour vivre à sa façon sans choquer son prochain ».

D'autre part la collaboration, entre le frère qui s'est acquis une durable réputation de « matamore de lettre » et la sœur « prestigieuse ambassadrice de l'esprit français », ne saurait être tirée au clair.

Pour Victor Cousin [1], Madeleine et Georges faisaient le plan ensemble. Il fournissait les aventures militaires et les batailles, et sur ce fond médiocre sa sœur ajoutait ses portraits, ses analyses sentimentales, ses conversations, son style : « Tout ce qu'il y a de défectueux, dans le *Cyrus* viendrait du frère et ce qu'il y a d'excellent et de durable serait l'oeuvre de la soeur. »

Son individualité comme femme et comme écrivain est dans son siècle reconnue à part entière. Le nom de Mademoiselle de Scudéry était sur toutes les bouches, ses livres sur toutes les tables, « les étrangers la lurent avec le même empressement, elle leur apportait l'air de la Cour de France comme George Sand le souffle de la révolution [2] ».

MADELEINE DE SCUDÉRY : UNE HÉROÏNE CONTROVERSÉE DU GRAND SIÈCLE

Une émancipatrice

Née au Havre en 1608, elle meurt à Paris, en 1701, à l'âge de quatre-vingt-treize ans. Extraordinaire longévité, à une époque où

1. Cité par Rathery et Boutron, *Mademoiselle de Scudéry, sa vie et sa correspondance*, Paris, L. Techner, 1873.

2. Cité par Georges Mongrédien, *Les Précieux et les Précieuses*, Paris, Mercure de France, 1939.

l'on est considéré comme vieux dès quarante ans. Sa longue existence démarre à la fin du règne d'Henri IV, englobe le règne de Louis XIII tout entier, subit les ministères de Richelieu et Mazarin, embrasse le siècle de Louis XIV de sa maturité à sa vieillesse.

Tout à la fois adulée et vilipendée, elle a connu et côtoyé les écrivains célèbres de son époque dont Voiture, Corneille, Scarron, Molière, La Fontaine, Pascal, Racine, Labruyère, Bossuet et bien d'autres trop fastidieux à énumérer.

Ses parents étaient de petite mais ancienne noblesse. Cinq enfants naissent dans ce couple dont trois meurent en bas âge. Il arrivait à son père, ayant la charge de « Capitaine des Ports au Havre », de se livrer à des actes de piraterie pour arrondir des gages jugés trop modestes. Son frère Georges, né en 1601, de sept ans son aîné reste très tôt le seul survivant de la famille avec la petite Madeleine.

A la mort de sa mère, elle est recueillie par un oncle, image « d'honnête homme » de ce siècle débutant. En sa compagnie, elle apprend à lire, écrire, dessiner, peindre, danser, jouer du luth, parler l'italien et l'espagnol. Elle étudie le grec et le latin. Elle dévore les livres et romans, mis à sa disposition dont l'*Astrée* d'Honoré d'Orfé qu'elle relira toute sa vie, Pétrarque et l'Arioste qui développent chez elle une vive imagination. Instruite dans l'art de la conversation, on lui enseigne aussi à la perfection son rôle de future maîtresse de maison, en accord avec sa naissance.

Elle reçoit donc une éducation très au-dessus de celle de la majorité des filles de son temps, révélée par « son abondante correspondance dont l'orthographe correcte n'est pas coutumière aux grandes dames du XVIIe siècle [1] ». Madeleine de Scudéry a en main quelques atouts : une solide instruction, une grande curiosité d'esprit, une faculté d'élocution certaine, le goût de l'écriture, et pas mal d'indépendance.

Mais tout n'est pas rose pour la jeune femme. Elle est tombée sous la lourde et dure tutelle de son frère, obligée de vivre avec lui, qui tout naturellement signera les œuvres de sa sœur.

1. Georges Mongrédien, *Madeleine de Scudéry et son salon*, éditions Tallandier, 1946.

Et puis elle est désargentée, pauvre. Dans *Artamène* ou *le Grand Cyrus* elle dit d'elle : « Sapho a pourtant un frère nommé Charaxe, qui était alors extrêmement riche, car Scamandrogine (son père) en mourant avait partagé son bien fort inégalement et en avait beaucoup plus laissé à son fils qu'à sa fille, quoiqu'à dire la vérité il ne le méritât pas et qu'elle fût digne de porter une couronne [1]. »

On peut trouver dans cette description une nouvelle preuve que Georges, en dépit de son nom qui figure sur les titres des *Femmes illustres*, du *Cyrus* et de la *Clélie*, n'est que pour très peu dans la rédaction de ces romans. Mais c'est lui qui touche les bénéfices des célèbres livres, sans cesse réédités et traduits en plusieurs langues.

Et puis, elle n'était pas jolie : petite, maigre, brune de teint à une époque où les canons physiques de la beauté réclament roseur, blondeur et embonpoint. On lui trouve une laideur distinguée. Dans le portrait qu'elle fait d'elle, « Admirable Sapho », elle se trouve : « La physionomie fine et modeste et elle ne laisse pas aussi d'avoir je ne sais quoi de grand et de relevé dans la mine. »

Elle choisit de rester célibataire, choix volontaire et imposé par les nécessités économiques mais qui lui permet de mener une vie plus libre. Pour ses détracteurs, ce sera un chef d'accusation très sérieux. Quel est le sort des femmes à son époque ? Leur liberté se limite à choisir entre le mariage infligé dès l'adolescence par un père dont l'autorité sévit de façon implacable, ou le couvent. Les alliances aristocratiques et bourgeoises sont affaires de nom et d'argent où le cœur des intéressés n'a rien à voir.

La jeune femme n'échappe à la tyrannie de son père que pour tomber sous celle d'un mari qu'elle n'a ni voulu ni désiré et pour lequel elle n'éprouve aucune affection. Le mariage c'est trop souvent une vie commune et sans joie, un tyran interchangeable, peu ou pas de plaisir physique, les nécessités de la maternité et les douleurs de l'enfantement qui flétrissent les charmes et interdisent de paraître dans les salons.

Pour quelques privilégiées de ce siècle, la virginité est une forme

---

1. Portrait de Sapho cité par Georges Mongrédien, *Les Précieux et les Précieuses*, Mercure de France, 1939, pages 173 à 178.

de libération non mutilante, surtout si le célibat n'est pas synonyme d'enfermement dans une retraite monastique ou dans la solitude. Madeleine de Scudéry a pu mener une vie sociale très active, mondaine, ses amis étaient légion, et si l'Eglise n'approuve pas la liberté des femmes célibataires, bien d'autres, veuves, refusent de se remarier, ainsi ses amies Madame de Sévigny, Madame Scarron. Au XVIIᵉ siècle, les dénouements heureux de l'amour et du mariage ne sont réunis que dans les pièces de théâtre et les romans.

Mais le renoncement au mariage n'implique pas le renoncement à l'amour qui se voit idéalisé, désincarné. Madeleine de Scudéry et les précieuses vont professer le culte de l'amour platonique, le dédain des joies charnelles. Dans le *Dictionnaire des Précieuses* de Somaize, le mariage est intitulé « l'amour fini ». Alors que le plaisir physique est réprimé, le péché sexuel semble moindre hors mariage, il ne « salit » pas le sacrement. Mademoiselle de Scudéry est doublement calomniée, on l'accuse d'avoir des amants et des mœurs particulières. Boileau l'attaque dans ses *Héros* de roman et écrit :

« Pluton : Quelle est cette précieuse renforcée que je vois qui vient à nous ?

Diogène : C'est Sapho, cette femme lesbienne qui a inventé les vers saphiques. »

Celle qui est soupçonnée de « recevoir ses amants sous le doux nom d'amis », au nom du goût de la morale et de la bienséance, aura cependant infiniment plus d'amis que d'ennemis.

Le salon de Madame de Rambouillet

Lorsqu'elle, s'installe à Paris avec son frère, en 1637, elle a alors vingt-neuf ans. Il est connu pour écrire des poèmes précieux, mais sa réputation se fait lorsqu'il lance des attaques virulentes contre *Le Cid* de Corneille.

A la suite de son frère, Madeleine est reçue dans le salon de la marquise, à la période la plus brillante de l'hôtel où elle parachève son éducation littéraire. Elle écoute, observe, réfléchit, apprend le jeu subtil qui fait qu'une femme ne doit pas paraître instruite, mais qu'elle ne doit surtout pas être ignorante. Le crime le plus grave pour une femme est de passer pour être savante.

Catherine de Vivonne, marquise de Rambouillet, surnommée « l'incomparable Arthénice » dans le portrait que fera d'elle Mademoiselle de Scudéry dans *Cyrus*, est décrite comme une femme supérieure qui unit la beauté à l'instruction, l'esprit sans pédantisme à la vertu sans pruderie. Elle a ouvert son salon vers 1608, voulant réagir contre la licence des mœurs, la grossièreté de ton et « l'esprit gaulois » qui régnaient à la cour de Henri IV. Pendant cinquante ans, gens du monde et écrivains se rencontrent dans la célèbre « chambre bleue ». De 1630 à 1645, l'hôtel est fréquenté par de grands seigneurs : le jeune duc d'Enghien qui sera le Grand Condé, le futur duc de la Rochefoucauld, des dames illustres, des écrivains nombreux.

Madeleine est à l'aise dans le salon où l'on chante, on fait de la musique, on s'amuse à de petits jeux, mais où le grand plaisir est celui de la conversation. On les appelle « précieuses », ces dames du grand monde qui s'élèvent au-dessus du vulgaire par la dignité des mœurs, l'élégance de la tenue, la pureté du langage. Les questions littéraires surtout sont à l'honneur. Les écrivains soumettent leurs œuvres à la critique collective, Voiture lit ses lettres, Corneille présente ses tragédies, on rime, on crée des sonnets, on se fait des farces en prose ou en vers, on invente les « loteries d'esprit », les « bouts-rimés ». Des rivalités naissent parfois de discussions dans de belles joutes littéraires entre les casuistes de la morale. Pour Victor Hugo, « l'utilité d'être précieuse c'est que cela déclasse le genre humain. On ne lui fait plus l'honneur d'en être[1] ». Et puis, dans la société polie, ce sont les femmes qui donnent le ton et le terme n'a pas, au début, d'équivalence masculine.

Madeleine n'a plus rien de la petite provinciale, elle est laide mais ses grands yeux noirs, animés par le feu de la conversation, la font remarquer.

1. Victor Hugo, *L'homme qui rit*, collection 1000 Soleils Or Gallimard, p. 193-194.

Elle a beaucoup lu, depuis six ans qu'elle est au contact journalier des poètes, des gens de lettres, des savants et des précieuses. Enfin, elle écrit. Et c'est à elle que l'on doit la plus grande part du roman *Ibrahim ou l'Illustre Bassa*, publié dès 1641, ainsi que *Les Femmes illustres ou les Harangues héroïques*, éditées à Paris en 1642, sous la seule signature de son frère. C'est le début de la reconnaissance littéraire : on lui accorde du goût pour la « psychologie » et la finesse d'observation, d'excellentes analyses de sentiments, un grand savoir historique, un ton enjoué et sans pédanterie. Le salon de Madame de Rambouillet sait très bien identifier sa « griffe féminine ».

En 1644, c'est « l'exil » à Marseille, elle suit son frère, jugé présomptueux mais assez habile à bien choisir ses protecteurs. Il est nommé gouverneur de Notre-Dame de la Garde, et là elle continue à jouer auprès de lui le rôle d'ange gardien, réparant ses écarts de plume et de conduite.

Loin de son cher salon, l'ennui la ronge et pour le tromper, pendant trois ans, elle va écrire. Elle entretient d'abord une abondante correspondance avec tous ses amis puis, elle imagine un roman dont les idéaux seraient ceux de l'hôtel de Rambouillet et au goût du jour : le ton précieux élaboré dans les salons, le renouveau de l'ancienne tradition chevaleresque, symbole féminin d'amour platonique et dont les héros seraient les habitués de « la Chambre bleue ».

En 1647, elle retourne à Paris, se met à l'ouvrage, et les deux premiers volumes sont publiés en pleine Fronde qui a débuté en 1648. Le cœur de Rambouillet et celui de Madeleine battent pour les frondeurs, l'aristocratie turbulente, les grands seigneurs intrigants. Pour eux c'est un jeu excitant, on ridiculise le pouvoir dans les « mazarinades ». Le héros c'est Condé ; *Artamène ou le Grand Cyrus* c'est lui. Les victimes de Mazarin sont peintes dans des portraits idéalisés, si peu voilés que les lecteurs s'emparent des textes comme nous lisons les grands événements dans nos journaux. Le succès de l'ouvrage est immédiat, les volumes qui sortent sont sans cesse réédités. La marquise de Rambouillet devient célèbre sous le pseudonyme de « l'incomparable Arthénice », Madeleine s'attribue le surnom de Sapho, en l'honneur de la grande poétesse grecque et se décrit comme « la plus merveilleuse et la plus charmante personne de toute la Grèce... née avec une inclination à faire des vers qu'elle a si heureusement cultivée, qu'elle en fait mieux que qui que ce soit ». Cette femme sans fortune ni mari, sans beauté ni jeunesse, de noblesse un peu incertaine n'est pas dénuée de narcissisme.

Après 1645, la Fronde s'éternisant, le salon périclite ; les troubles, les séparations, les deuils concourent au déclin. La marquise est âgée et, après la mariage de sa fille cadette, elle s'isole dans sa retraite.

Les samedis du Marais

La Fronde terminée, dès 1653 Mademoiselle de Scudéry, reine incontestée du mouvement précieux, est toute désignée pour, à son tour, tenir un salon.

C'est dans sa petite maison de la rue de Beauce qu'elle reçoit les éléments qui subsistent de l'hôtel de Rambouillet, des écrivains comme Conrart, Ménage, Pélisson, d'Aubignac, quelques poètes aimables dans la tradition du badinage frivole, tous accusés plus tard de pédanterie. A mesdames de Sévigné et de Lafayette se mêlent des grandes bourgeoises instruites, férues d'héroïsme cornélien, entichées de poésie et de romanesque. Ce sont elles qui dévorent, dès leur publication les vingt tomes du *Cyrus* et de la *Clélie*.

En 1654, son frère se marie, quitte Paris et l'on dit méchamment qu'il trouve en même temps qu'une épouse une nouvelle esclave, pour écrire les textes qu'il continuera de signer seul.

Sapho est enfin libre. A partir de 1654, elle rédige *Clélie, histoire romaine* et la fameuse *Carte du Tendre* orne le premier volume, géographie symbolique qui devient une mode dont le succès prodigieux la dépasse : « Le pays de Tendre offrait une oasis imaginaire aux femmes de cette époque [1] » et cette innocente galanterie va

1. Nicole Aronson, *op. cit.*

15

devenir pour toute une génération le nouveau code de l'amour. Les femmes y retrouvent leurs histoires, leurs drames romancés, l'amour et la galanterie sont les seuls et éternels sujets. C'est une littérature exclusivement féminine et de salons, c'est pourquoi cette sociabilité reste caractéristique de la société française, grâce au rôle dont les femmes ont pu s'emparer.

Dans le salon de Madeleine de Scudéry, le tiers état semble dominer. On peut penser que là l'esprit « conquît en quelque sorte ses droits de bourgeoisie, les personnes non titrées apprirent à s'assembler, lire, causer entre elles sans se soucier des grands seigneurs [1] ».

Il est difficile de savoir si elle a commencé à secouer les préjugés entre la noblesse et la bourgeoisie, mais l'immense prestige que lui apporta le succès de ces romans en fit « le chef » de l'école littéraire de la préciosité.

Dans son roman, *Clélie, histoire romaine*, publié de 1654 à 1660 en dix volumes, il s'agit bien entendu d'une œuvre à clef, située dans l'Antiquité mais dont, à l'inverse du *Cyrus*, elle est l'héroïne.

C'est à sa propre gloire, reine du Tendre, entourée de courtisans admiratifs, qu'elle élève son monument.

La préciosité devient une mode qui fait fureur à Paris et en province. Très vite, les imitatrices se jettent dans le mouvement, les « fausses précieuses » se multiplient, créent des salons qui « infestent » la bourgeoise française et la pudeur devient pruderie, la pureté du langage afféterie, la finesse maniérisme alambiqué et la grâce minauderie.

Deux grands courants sont distingués [2]. Différents et parallèles, ils sont représentés par les précieuses prudes et les précieuses coquettes.

Les premières, surnommées les « jansénistes de l'amour » par

---

1. Victor du Bled, *La Société française du XVIᵉ au XXᵉ siècle*, tome VI, *Le Salon de Mademoiselle de Scudéry*, Perrin et Cie.

2. Georges Mongrédien, *Les Précieux et les Précieuses*, op. cit.

Ninon de Lanclos, déçues de la vie et du mariage, affectent de ne retenir de Mademoiselle de Scudéry que la chasteté dont celle-ci fit preuve toute sa vie.

Elles allient l'amour platonique, chaste et pudique, qui élève l'âme sans souiller le corps aux austérités de la religion. D'une dévotion excessive, vêtues de robes noires et montantes et de bonnets austères, elles sont soupçonnées d'avoir partie liée avec la redoutable Compagnie du saint sacrement. On glose sur ces « Tartuffes femelles » que l'on phantasme « lubriques », ayant « avec le ciel des accommodements ».

Les secondes ou « coquettes » sont réputées pour tenir les hommes en haleine et leur faire parcourir pendant de longs mois, voire plus, les « Contrées de l'empire d'amour ». L'amoureux, mourant ou ivre de joie selon le succès de ses mérites, aura droit aux bouderies et aux plus sévères rigueurs ou sera récompensé de son assiduité et de sa patience. Ces précieuses portent un décolleté hardi, se parent de mouches « assassines ».

On les voit traîner dans leurs sillages de galants « alcôvistes » ou « coquebins », vêtus de façon extravagante : chaussures à talons, chapeaux submergés de plumes habits noyés sous les flots de dentelles et de rubans, tout autant ridiculisés par Molière.

Mais c'est dans ces salons aussi divers que le sont les maîtresses de maison, aux idéologies qui nous semblent aux antipodes les unes des autres, aux pratiques contradictoires qu'est « née cette unique héroïne la femme ».

Tous s'inspirent de la littérature précieuse, de ses théories galantes renouvelées par les traditions chevaleresques, voilà ce qui explique la vogue extraordinaire de Madeleine de Scudéry.

Ses livres sont traduits en anglais, allemand, italien, arabe, et une tradition veut que ses libraires se soient enrichis d'au moins cent mille écus.

Ses samedis peuvent disparaître, autour des années 1660, Sapho est renommée aussi bien en France qu'à l'étranger. Elle va pouvoir jouir de sa gloire, malgré un manque chronique d'argent.

Les précieuses ridiculisées

En 1659, Molière met en scène *Les Précieuses ridicules*, il aborde donc un sujet d'une actualité alors brûlante à Paris. Le salon de Rambouillet est mort, celui de Sapho à l'agonie mais Molière a pris toutes les précautions, en répandant partout le bruit qu'il ne visait pas Madeleine de Scudéry ni les excellentes précieuses parisiennes, mais leurs ridicules imitatrices, ces « pecques » provinciales rencontrées dans ses tournées.

Le débat est toujours actuel. Molière voulait-il viser Sapho ? La discussion reste ouverte, car derrière cette littérature jugée frivole et badine qui a fleuri dans les ruelles, il y a quelque chose de plus sérieux, « un véritable mouvement social » qui fait des précieuses les ancêtres des féministes. Si Molière s'est moqué des travers et des excès des précieuses ridicules et des femmes savantes, il a dans toutes ses comédies défendu les revendications féminines et le droit des filles à disposer d'elles-mêmes. Dans *L'Ecole des maris*, *L'Ecole des femmes*, *Le Cocu imaginaire*, *Georges Dandin* et bien d'autres pièces, il a été un allié sincère des femmes et un vrai propagandiste du mouvement précieux et de ses luttes contre « l'odieuse tyrannie » des hommes. Si Corneille a créé la tragédie classique, Molière a abouti dans ses comédies à une véritable transformation d'un genre littéraire qui se sclérosait. La comédie du XVIIᵉ siècle, inspirée de textes italiens et espagnols, avait pour unique ressort le comique stéréotypé. Il va créer des comédies, à la fois études de caractères et études de mœurs, basées sur la psychologie humaine et les élever au niveau de la tragédie.

Molière est un génie qui fait sens dans son temps aussi bien que de nos jours. Sa verve et son esprit satirique ont ridiculisé les précieuses non, à leur époque, mais à partir du XIXᵉ siècle. Si au XVIIᵉ siècle, le mot désignait une femme du monde qui se distinguait par la dignité et la pureté de son langage, une notion supplémentaire est introduite dans les dictionnaires au XIXᵉ siècle : celle d'une femme affectée dans son air, ses manières et sa façon de parler.

Molière a gagné sur les précieuses, en les ridiculisant, en permettant au temps d'accoler les mots précieuses et ridicules. Il les a tué, en devenant immortel.

« L'Universelle »

Pendant trente ans, les hommages arrivent de tous côtés à celle qui est universellement reconnue comme la première poétesse et romancière de son temps.

Le calme règne à peu près dans le royaume, la paix des Pyrénées est signée, Louis XIV est marié et s'est réconcilié avec Condé, ami de Sapho. Mais des nuages s'amoncellent : Fouquet est arrêté en septembre 1661 et Pélisson qui travaille pour Fouquet, le tendre ami de Madeleine depuis si longtemps, partage son sort. En amie fidèle, et de la même façon qu'elle a conservé son estime aux frondeurs emprionnés, elle intervient auprès de Colbert pour adoucir le sort des condamnés. Pélisson sort de prison en 1666. Entre temps, ils auront échangé plusieurs centaines de lettres, qu'elle détruit par prudence, ce dont elle éprouve beaucoup de regret. Son ami deviendra historiographe du roi et rédigera les mémoires de Louis XIV, curieuse trajectoire dans un siècle où l'*habeas corpus* n'a aucune valeur.

Pensionnée par le roi, reçue à la Cour, admise aux fêtes somptueuses, elle rédige en 1669 *Promenades à Versailles* où elle chante les louanges du plus magnifique palais royal.

La mode des romans pléthoriques est passée, elle écrit alors de courtes nouvelles, des poèmes.

En 1671, elle remporte le prix mis au concours sur *La Gloire* par l'Académie française. Première femme lauréate, elle est à nouveau entourée d'admirateurs et parle de belles lettres et d'actualité.

Si, au temps de sa splendeur, son salon a brillé dans l'art de la conversation, ses finances n'ont jamais été à la hauteur de son succès. Dans les années 1680, à plus de soixante-dix ans, elle est obligée de reprendre la plume, les gratifications royales et les cadeaux de ses amis ne suffisant pas à son entretien.

19

En 1683, recommandée par Madame de Maintenon, elle reçoit deux mille livres de pension.

L'ancienne romancière, critiquée par l'Eglise pour avoir trop écrit sur l'amour, rentre dans l'ordre en écrivant plusieurs volumes de *Conversations morales*. Elles portent sur plusieurs sujets tels que des réflexions morales, des considérations littéraires et des préceptes à l'usage des gens du monde.

En 1684, sortent les *Conversations nouvelles*, avec le même succès que les précédentes ; en 1688 sont édités deux volumes sous le titre de *Nouvelles Conversations de Morale*. Madame de Maintenon adopte ses textes qui seront lus et étudiés par les jeunes filles de Saint-Cyr. Madeleine de Scudéry leur enseigne pourtant autre chose que des idées réactionnaires et les pousse à transformer leur condition de femme : « je voudrais qu'on eût autant de soin d'orner son esprit que son corps. »

En 1692, elle donne ses derniers textes *d'entretien de morale*. Malgré son âge, plus de quatre-vingts ans, elle règne encore sur le monde littéraire de France. Les étrangers de marque viennent la visiter, elle reçoit des témoignages d'amitié de partout et entretient une énorme correspondance aussi bien avec la reine Christine de Suède, Leibnitz, qu'avec Corneille, Bossuet. Ses lettres circulent dans l'Europe entière et la montrent en rapport avec ce que la France et l'étranger comptent de plus savant et distingué.

Madeleine de Scudéry a figuré première sur une liste de femmes illustres, par leur esprit et leur savoir et il a été question de l'admettre à l'Académie française. Pieuse, sans être dévote, elle noue des relations avec des prélats tels que Mascaron et Fléchier. Sourde depuis 1666, percluse de rhumatismes, elle subit les infirmités de la vieillesse mais son esprit reste rigoureux dans son corps en ruine. Sa lucidité d'esprit et son moral ne l'abandonnent pas jusqu'à sa mort et sa fin est digne de la grande romancière qu'elle a été. Le 2 juin 1701 étant debout, elle se sent défaillir et dit : « Il faut mourir. »

Sa reconnaissance, comme femme et comme écrivain, a surpassé la vogue et le déclin des genres de littérature dont elle a été la personnification la plus complète. Aucun de ses détracteurs n'est venu à bout de celle à qui les Italiens ont donné le nom de la langue

PRÉFACE

française : l'Universelle. Ni Molière, ni Boileau, ni les gens d'Eglise qui lui ont reproché d'établir la galanterie, d'écrire des romans, des œuvres dont le caractère était de « rouler sur la passion » et de pervertir l'esprit des femmes, n'ont réussi à remettre en question cette « institution » dans son siècle.

« La préciosité ne se réduit pas au féminisme, à la littérature de salon et au langage hyperbolique mais elle n'aurait pu exister sans eux [1]. »

Les griefs, même au temps de ses contemporains, ont été nombreux, le terme précieux désigne pour les ennemis de Madeleine de Scudéry : l'affectation des manières, le refus de l'amour et la délicatesse outrée. La précieuse est un symbole de la femme émancipée, type comparable à celui de la femme savante, du bas-bleu puis de la féministe.

Car c'est bien cela qui a été critiqué : la trop large place accordée à des revendications féministes très concrètes telles que le mariage, l'amour, l'éducation des filles. Au XVIIe siècle, les précieuses ont cherché des solutions nouvelles à leurs problèmes et ont pensé célibat, mariage temporaire, divorce, espacement des maternités.

Cette littérature a été consacrée à cette unique héroïne : la femme. C'est un mouvement qui a tenté d'échapper à « la toute puissance de barbe ».

Certaines précieuses, dont Mademoiselle de Scudéry est le plus parfait exemple, ont fait obstinément la grève du mariage dont elles redoutaient les conséquences, jugées trop lourdes par rapport à un hypothétique plaisir. Dès que la préciosité s'est répandue dans le milieu bourgeois, on eut peur de ce que l'on pardonnait aisément aux aristocrates. Ces femmes, confrontant leurs malheurs, leurs déceptions, se sont échauffées à les évoquer en commun et ont fini par mener une véritable croisade contre le mariage, asservissement perpétuel. D'après le témoignage de l'abbé de Pure, certaines précieuses ont revendiqué le droit de « vivre leur vie », en proposant l'établissement du divorce, un régime de mariage à l'essai, avec un

1. R. Lathuillère, *La Préciosité, étude historique et linguistique*, thèse de lettres, tome 1, Droz, 1966.

21

bail renouvelable chaque année, un système de mariage limité à la naissance du premier enfant. Néo-malthusiennes avant l'heure, elles ont parlé de la limitation volontaire des naissances et quelques-unes ont prêché pour l'amour libre. Elles ont réclamé le droit à la vengeance, la peine du talion pour les maris infidèles. Mais c'est le culte de l'amour platonique qui semble avoir dominé, accompagné du dégoût et de dédain des joies charnelles. Les femmes ont, par la préciosité, retrouvé le respect d'elles-mêmes, elles sont devenues des êtres d'élite, une récompense suprême que les hommes devaient gagner par une vie entière de soumission. Pour Francis Baumal, cette émancipation féminine a pu mener au crime. Il se demande si parmi les centaines de bourgeoises, impliquées dans « l'affaire des poisons » de La Voisin, beaucoup d'entre elles n'étaient pas des épouses malheureuses qui, passant à l'acte, auraient trouvé dans des philtres un moyen extrême de se débarrasser de l'insupportable tyrannie maritale [1].

Les précieuses restent connues aussi pour avoir enrichi la littérature par une détermination accrue du sens des mots, l'acquisition de locutions nouvelles, la formulation de règles d'orthographe. Elles ont épuré la langue française, en la débarrassant des termes grossiers caractérisant les fonctions basses, les misères de l'humanité, les habitudes vulgaires. Elles ont créé des genres littéraires tels que le genre épistolaire, le genre moraliste, les portraits, les conversations, le roman psychologique. Elles ont inventé des formules toujours d'actualité et, bien souvent, nous parlons le langage des ruelles sans nous en douter.

Les Femmes illustres ou les Harangues héroïques

Depuis 1637, Madeleine de Scudéry fréquente le salon de la marquise de Rambouillet, alors à son apogée. C'est la période la

---

1. Francis Baumal, *Le Féminisme au temps de Molière*, 1926.

plus brillante de l'hôtel où grands seigneurs et écrivains s'y côtoyent. Poèmes, romans, comédies et tragédies, présentés par leurs auteurs, sont soumis à l'impitoyable critique de ce cercle qui tente de faire et défaire les réputations littéraires.

C'est cette année-là que Corneille présente le Cid à cette société précieuse, sûr de son succès. Il donne à lire une tragi-comédie où le héros illustre parfaitement l'idéal romanesque, défini par d'Urfé dans ses Epîtres morales : Rodrigue subit les effets merveilleux d'une grande passion contrariée. Corneille est sûr aussi de plaire à ces grands seigneurs qui bravent les édits de Richelieu par amour du duel et conspirent par amour du risque autant que par ambition ; toute sa pièce est construite autour d'une de ces affaires d'honneur à laquelle la noblesse du temps attache tant d'importance. Le succès retentissant de la pièce suscite des jalousies et la « querelle du Cid » est déclenchée, animée par des habitués de l'hôtel de Rambouillet : Mairet, Chapelain et Georges de Scudéry. Celui-ci, dans ses Observations sur le Cid, soutient que la bienséance est malmenée, l'attitude de Chimène, qui aime l'assassin de son père, est particulièrement révoltante et montre une fille dénaturée. Il estime que les règles dramatiques ont été transgressées et que la vraisemblance n'est pas respectée : comment admettre que tant d'événements puissent se passer en vingt-quatre heures. Scudéry accuse aussi Corneille de plagiat et de maladresses de style. L'enjeu de cette querelle littéraire est pourtant bien sérieuse, il s'agit de savoir qui l'emportera du théâtre « baroque » ou du théâtre « classique ». La polémique dure quelques mois, mais ni le succès du Cid ni la réputation de Corneille n'en ont été affectés.

C'est dans cette effervescence intellectuelle, dans ce bouillonnement culturel que Madeleine de Scudéry présente son premier roman Ibrahim ou l'Illustre Bassa. Depuis quatre ans elle écoute, lit énormément, apprend les règles et décide d'écrire à son tour. Publié en 1641, et dédié à Mademoiselle de Rohan à l'occasion de son mariage, il s'agit d'un texte précieux qui peint sous un travesti historique la société de son temps, suivant des règles convenues. Ibrahim est écrit dans le genre littéraire, créé par Honoré d'Urfé dans l'*Astrée*, genre auquel elle va rester fidèle dans *Cyrus* et *Clélie*. Le succès de l'ouvrage, dans le cercle de l'hôtel de Rambouillet, est dû autant à la transparence de l'histoire dans laquelle se reconnaît seule cette aristocratie qui possède les clefs des personnages qu'à la stricte observance des règles de l'esprit précieux. Le premier volume des *Femmes illustres ou les Harangues héroïques* est publié en 1642, un an après *Ibrahim*. Le deuxième volume paraît en 1644. L'ouvrage est écrit dans un genre très différent de celui de son premier roman. La harangue, qui nécessite un esprit formé par la lecture et la méditation des modèles antiques, relève du domaine de la rhétorique, discipline en principe exclue de l'éducation féminine. Il s'agit d'un genre oratoire, d'un discours basé sur l'éloquence, prononcé en public, adressé à un souverain ou à un personnage important.

Le mot harangue vient de l'ancien haut germanique *hring* qui signifie cercle, anneau puis tribunal, assemblée et enfin discours prononcé en public. Au XVIIe siècle, le genre harangue a aussi mauvaise réputation que de nos jours : il est synonyme de verbiage insipide, débité de façon plus ou moins solennelle à des personnages réputés ennuyeux sous des décors fastidieux.

Un même corpus, lié à l'histoire de l'Antiquité, est utilisé aussi bien dans les harangues , les romans ou les tragédies. Romanciers et dramaturges de ce siècle s'inspirent des mêmes héros et du même panthéon. Corneille, Racine et les autres se servent du même « temple de la mémoire » que Madeleine de Scudéry. Parmi les femmes illustres, on repère Cléopâtre, Sapho, Bérénice, Livie, Athénaïs mais aussi Pulchérie, Sophonisbe, Zénobie passées à la postérité à la faveur des tragédies classiques.

Une même culture, une inspiration semblable lient les auteurs de ce XVIIe siècle pour qui l'Antiquité est la référence principale. Ils ont lu les mêmes livres : Plutarque et ses *Vies des Hommes illustres*, *L'Iliade* et l'*Odyssée* d'Homère, tous les tragédiens grecs et les historiens romains traduits ou accessibles dans le texte. Madeleine de Scudéry montre qu'elle connaît parfaitement les textes fonda-

24

teurs de sa génération. Nicole Aronson[1] repère dans les *Femmes illustres*, *Alceste*, œuvre d'Euripide, *Les Ethiopiques* d'Héliodore, *L'Énéide* de Virgile ; Plutarque aussi et la légende homérique inspirent de nombreuses harangues.

Madeleine de Scudéry lit tout autant les ouvrages de son époque et s'intéresse au *Roland furieux*, au *Cid*, à l'*Arioste*.

Le premier volume des *Femmes illustres* est constitué d'une série d'histoires courtes, sans lien apparent les unes avec les autres et présentées de façon semblable.

Elles sont précédées d'une introduction, un « argument » qui résume la situation présentée dans chacune des harangues, spécifie à qui le discours est adressé et dans quelles conditions.

Le portrait de l'héroïne, tiré de médailles antiques, suit l'argument ; il est orné d'un court poème qui célèbre les mérites de l'héroïne et montre le goût du siècle pour « l'antique ».

La harangue suit sous forme d'histoire courte dans laquelle le personnage principal mène le dialogue, en faisant intervenir plusieurs personnages secondaires, chargés du rôle du « chœur antique », apportant les éléments contradictoires essentiels à la résolution définitive de la tragédie. Chaque harangue est suivie d'un « effet » qui a pour rôle de conclure l'histoire et de lui apporter le dénouement. Nicole Aronson montre que le texte de Madeleine de Scudéry est construit à partir d'une technique théâtrale où l'argument jouerait le rôle du chœur antique, la harangue celui du corps de la tragédie et l'effet celui du dénouement.

Les Femmes illustres nos présentent une galerie de tableaux de femmes de l'Antiquité qui, soumises à des situations tragiques, y répondent de façon plus ou moins touchante. Celles qui, au XVIIe siècle, assumaient les rôles de « monstres » tel que Cléopâtre, Hélène, Armide nous sont maintenant certainement plus proches que celles qui, vivant dans l'ombre de celui qu'elles aimaient, mouraient de la mort de l'autre, comme Sisygambis ou Oenone où le symbole de l'amour conjugal maintenait, au-delà de la mort, les

---

1. Nicole Aronson *Mademoiselle de Scudéry ou le voyage au pays du Tendre*. Paris, Fayard, 1986.

liens avec les disparus : ainsi Artémise, Porcie, Alceste. Dans ce texte, Mademoiselle de Scudéry exprime les idées précieuses sur le rapport à l'amour et à l'image de l'Homme que s'en faisaient ces femmes érudites. C'est, peut-être, dans le discours de Sapho que Madeleine de Scudéry exprime le plus ses idées féministes. Sapho est le surnom qu'elle choisit dans le milieu mondain de Madame de Rambouillet. Elle dessine son autoportrait dans le dernier volume de *Cyrus* sous le masque « transparent » de Sapho.

Dans *Les Femmes illustres*, la poétesse grecque tente de convaincre Erenne de la nécessité de se développer intellectuellement. Elle dénonce une société qui attend des femmes qu'elles soient belles et se taisent. Sapho plaide pour les précieuses : « Nous aurons l'imagination belle, l'esprit clairvoyant, la mémoire heureuse, le jugement solide et nous n'emploierons toutes ces choses qu'à friser nos cheveux ? »

C'est par l'écriture que Madeleine/Sapho trouve sa dignité, dans une liberté d'abord imaginaire, puis bien réelle. Elle est parvenue à infléchir une situation objective si peu enviable : celle d'une femme ni jeune, ni jolie, ni riche, captive d'un frère abusif qui devient par son talent le flambeau du goût et des lettres, « l'Universelle » en son temps.

Claude Maignien

Les Femmes illustres

ou les harangues de Monsieur de Scudéry *,

avec les véritables portraits de ces héroïnes, tirés des Médailles Antiques

A Paris, chez Antoine de Sommaville, en la Galerie, des Merciers, à l'Escu de France
et Augustin Courbe, en la même Galerie, à la Palme

Au Palais

1642

Avec privilège du roi

* Madeleine de Scudéry a écrit une bonne partie de ses œuvres sous le nom de son frère.

Epître aux dames

J'offre *Les Femmes illustres*, aux plus Illustres des femmes, et les conjure d'en vouloir prendre la protection. En soutenant la gloire de ces Héroïnes, elles soutiendront la leur propre et par un intérêt généreux, elles se défendront en les défendant. Pour moi, belles et aimables dames, qui ai toujours été adorateur de votre sexe, pourvu que cet ouvrage vous plaise et qu'il contribue quelque chose à votre réputation, je serai arrivé à la fin que je me suis proposé. Que si toutefois, par une bonté qui vous est naturelle, vous voulez protéger, et que la malice des hommes me réduise aux termes d'avoir besoin de ce glorieux secours, vous leur direz, s'il vous plaît, ce que je m'en vais vous dire, je tacherai de les faire taire si vous me jugez digne de parler.

Ils sauront donc, pour les instruire de mon dessein, que l'heureux succès de la traduction, que j'ai faite des Harangues du Manzini, m'a obligé en partie à entreprendre celles-ci. J'ai voulu voir si je réussirais aussi bien en original qu'en copie et si je ne m'égarerais point, lorsque je marcherais sans guide. Que s'ils trouvent étrange que j'aie choisi des femmes, pour exprimer mes pensées et qu'ils s'imaginent que l'art oratoire vous est absolument inconnu, défabulez-les, je vous en conjure et me défendez avec tant d'éloquence qu'ils soient contraints de confesser que vous n'en manquez pas et que, par conséquent, je n'ai point failli en mon élection. En effet, entre mille belles qualités que les Anciens ont remarquées en votre sexe, ils ont toujours dit que vous possédiez l'éloquence sans art, sans travail et sans peine. Que la nature vous donnait libéralement ce que l'étude nous vend bien cher, que vous naissiez ce que nous devenons en fin et que la facilité de bien parler vous est naturelle au lieu qu'elle nous est acquise. Mais me diront-ils, peut-être, puisque les dames sont naturellement si éloquentes, pourquoi ne leur faites-vous pas observer ponctuellement toutes les parties de l'oraison, comme la rhétorique les enseigne dans les écoles ? Que ne voit-on en ce livre (pardonnez-moi, illustres dames, les terribles mots que je vais dire) les exordes, les narrations, les épilogues, les exagérations, les métaphores, les disgressions, les antithèses et toutes ces belles figures qui ont accoutumé d'enrichir les ouvrages de cette espèce ? A cela j'ai à leur répondre qu'elles y font, mais qu'elles y sont plus adroitement placées.

L'artifice plus délicat consiste à faire croire qu'il n'y en a point. Vous portez des mouches sur le visage que votre adresse y a mises, pour relever la blancheur du teint. Mais elles y sont mises de sorte qu'on dirait qu'elles sont vivantes et qu'elles y ont volé par hasard. Vous faites des boucles et des anneaux de vos cheveux, mais c'est avec une négligence si subtile, et une nonchalance si agréable qu'on soupçonne plutôt le vent que votre main d'avoir aidé à la nature. Tout de même, ici, j'ai taché de faire mes héroïnes éloquentes, mais je n'ai pas jugé que l'éloquence d'une dame dût être celle d'un maître aux arts. Les ruelles et les classes, les collèges et le Louvre, la Cour et l'Université ont des manières aussi différentes que si c'étaient des peuples fort éloignés, et quiconque ferait voir une demoiselle du pays latin aux jeunes gens de la Cour, ils la regarderaient comme un monstre et la traiteraient de ridicule.

C'est, illustres personnes, ce que vous avez à leur dire sur le sujet dont il s'agit. Que s'ils ajoutent que je n'ai observé nul ordre de chronologie en celui où j'ai placé mes Harangues, que l'on y voit Cléopâtre devant Sisygambis, Lucrèce après Zénobie, et ainsi de toutes les autres.

Vous leur direz qu'il est vrai mais que cette erreur est volontaire, et si je l'ose dire judicieuse. J'ai imité en cette occasion l'adresse de celles qui font des bouquets et qui mêlent, par une confusion régulière, les roses et le jasmin, la fleur d'orange et de grenade, les tulipes et les jonquilles, afin que de ce beau mélange de couleurs, résulte cette agréable diversité qui plaît toujours tant à la vue. De même ici j'ai choisi, dans l'histoire, les matières les plus illustres et les plus différentes que j'ai pu et je les ai mêlées avec un tel ordre, et si adroitement caché, qu'il est comme impossible que le lecteur n'en soit diverti. Or, divines personnes, si l'on remarque par hasard qu'entre mes héroïnes il y en a plus d'affligées que de contentes, répondez que c'est une chose ordinaire, que la fortune et la vertu sont deux anciennes ennemies, que toutes les Belles ne sont pas heureuses et que la compassion et la pitié ne sont pas les sentiments les moins agréables et les moins touchants que cette espèce de lecture puisse donner. Vous aurez encore à répondre à ceux qui trouveraient étrange que le titre de mon livre soit.

Les Femmes illustres, ou les Harangues héroïques

Et qui diraient que des Femmes et des Harangues ne sont pas la même chose. Vous aurez, dis-je, à leur répondre que l'exemple d'Hérodote m'autorise et les condamne, et que puisqu'il ne lui a pas été défendu de nommer les neuf livres de son Histoire, Melpomène, Erato, Clio, Uranie, Terpsichore, Euterpe, Thalie, Calliope et Polymnie qui sont les noms des neuf muses, elles qui sont des déesses et non pas des livres, ce que j'ai fait me doit bien être permis. Que si l'on observait encore que, dans une partie de mes Harangues, il y a quelques pensées que l'on a vue, dans des tragédies modernes où les mêmes héroïnes sont introduites, empêchez, je vous en conjure, que l'on n'ait l'injustice de me soupçonner de les avoir prises en ce lieu-là. Et pour m'en justifier dites, s'il vous plaît, qu'il est certaines notions universelles qui viennent nécessairement à tout le monde, quand on traite les mêmes sujets. Que, de plus, s'il y a quelque chose d'étranger en mon ouvrage, il n'a pas été pris chez les Modernes mais qu'eux et moi l'avons pris chez les Anciens. J'ai cru qu'il fallait orner ces Harangues de tout ce que l'Histoire avait de beau et de remarquable, dans les sujets que j'ai traités. Et j'en ai fait une recherche assez curieuse pour en mériter quelque gloire. Mais cependant j'ai été si scrupuleux en cela, que j'ai marqué d'un caractère différent tout ce qu'elle m'a fourni quant aux pensées, pour faire taire la médisance. Car pour l'ennui, je ne m'estime pas assez pour oser croire que je le fasse parler. Enfin, pour achever de répondre à toutes les objections qu'on pourrait faire contre moi : si quelqu'un prenait les médailles de ces héroïnes pour des médailles faites à plaisir et qu'il les crut fausses, parce que les inscriptions en sont françaises, au lieu qu'en celles qui sont véritables, elles sont grecques ou latines, répondez, s'il vous plaît, que les curieux qui les connaissent me defendront des ignorants qui ne les connaissent pas, et que si j'ai traduit ces inscriptions en notre langue, ç'a été en faveur de ceux qui n'auraient point entendu les Latines et qui n'auraient pas seulement pu lire les Grecques.

Voilà, illustres dames, ce que vous avez à dire pour moi ou pour parler plus véritablement, voilà ce que j'avais à vous dire. Car pour finir ce discours par où je l'ai commencé, pourvu que vous soyez satisfaites, je ne puis manquer d'être content. Et si l'*arc de triomphe*, que j'ai élevé *à la gloire de votre sexe*, n'est pas jugé indigne de vous, ce ne sera pas le dernier ouvrage que j'entreprendrai pour vous. Je médite un second volume de Harangues dont les sujets ne sont pas moins grands que les premiers : ils ont même quelques chose de plus piquant et de plus propre à divertir. Mais vous trouvez bon, après cette première course, que je pare au but de la carrière, qu'avant que d'en faire une seconde, je regarde vers les échafauds et que je cherche à connaître dans vos yeux si mon adresse vous a plu.

Table des Harangues*

* Cette version ne contient pas les harangues suivantes, se trouvant dans le premier volume de l'édition de 1644, reproduite ici : Calphurnie à Lépide, Livie à Mécène, Clélie à Porsenna, Octavie à Auguste, Agrippine au peuple Romain. Pour rendre le texte accessible au plus large public, l'orthographe et la ponctuation originale ont été modernisées.

ARTÉMISE A ISOCRATE

Première harangue

Argument

Après qu'Artémise eut employé les plus savants architectes de son siècle, à bâtir ce superbe tombeau qui fut depuis une des sept merveilles du monde, l'amour qu'elle avait pour son cher mausolée ne fut pas encore pleinement satisfaite. Elle fit venir de la Grèce Isocrate et Théopompe, les plus célèbres orateurs de l'Antiquité, et par des libéralités vraiment royales, elle obligea ces grands hommes à faire agir leur éloquence, en faveur du roi son mari dont ils éternisèrent la mémoire. Ce fut donc pour leur demander cette grâce que cette belle inconsolable leur parla de cette sorte : après que l'excès de son amour lui eut fait oublier qu'elle parlait devant le fameux Isocrate.

> *Toi pour qui l'Architecte employa tant de veilles,*
> *Lorsque ton cher époux se vit privé du jour,*
> *L'on met ton mausolée au nombre des merveilles,*
> *Mais pour moi, j'y mets ton amour.*

Artémise à Isocrate

C'est de vous, ô illustre orateur, que j'attends l'immortalité de Mausole, c'est à vous de donner l'âme à toutes les statues que je lui élève. C'est à vous à lui faire un tombeau que la révolution des siècles ne puisse détruire et qui éternise tout ensemble Mausole, Isocrate et Artémise. Ne pensez pas que je croie que le temps et la fortune respectent l'or, le marbre, le jaspe, le porphyre et l'albâtre orientale que j'emploie à lui bâtir un superbe monument. Non, je sais que ces trois cents colonnes où tous les ordres sont observés avec soin, dont les bases sont si bien affermies, dont les chapiteaux sont si magnifiques et où l'art surpasse la matière, ne seront un jour que de pitoyables ruines, et quelques temps après ne seront plus rien du tout.

Toutes ces basses tailles, qui sont aux quatre faces de ce sépulcre, seront successivement effacées par l'injure des saisons. Et à peine pourra-t-on encore apercevoir quelques figures imparfaites de toutes celles que nous y admirons aujourd'hui. Ces obélisques, qui semblent défier la tempête, seront peut-être abattues par la foudre et réduites en cendres. Ces vases fumants, ces flambeaux éteints, ces trophées d'armes et tous les ornements, dont l'architecture est capable, n'empêcheront pas la destruction de cet ouvrage. Enfin Isocrate, quand j'aurai employé tous mes trésors à ce tombeau et que, par les savantes mains de Scopas, de Briaxis, de Timothée et de Léocharès, je l'aurai mis en état de passer pour une des merveilles du monde. Si, après tout cela, quelqu'un ne prend le soin d'en conserver la mémoire par ses écrits, les statues que j'ai faites élever, l'or, le marbre, le jaspe, le porphyre, l'albâtre, les colonnes, les basses tailles, les obélisques, les vases fumants, les flambeaux éteints, et tous les ornements de l'architecture, qui paraissent en cet ouvrage, n'empêcheront pas, dis-je, que Mausole, son tombeau, ses architectes, ses sculpteurs et Artémise même ne soient ensevelis dans l'oubli et ne soient aussi inconnus aux siècles éloignés du nôtre, que s'ils n'avaient jamais été. C'est donc à vous Isocrate, c'est donc à vous Théopompe à donner de plus solides fondements à cet édifice. C'est à vous à animer tous ces marbres, par des inscriptions magnifiques, c'est à vous à ressusciter Mausole. C'est à vous à me faire vivre éternellement, quoique je sente que je mourrai bientôt. Je ne vous demande pas Isocrate que vous donniez des louanges à Hélène ou que vous fassiez l'éloge de Busire, comme vous avez fait autrefois. Je vous donne une matière plus illustre et plus facile : les vertus de Mausole et l'amour légitime d'Artémise sont un plus noble sujet que l'inhumanité de Busire ou la légèreté d'Hélène. Votre éloquence n'aura point de crimes à déguiser. Tous les artifices, que la rhétorique enseigne pour imposer des mensonges et les rendre vraisemblables, ne vous serviront qu'à persuader la vérité. Et sans emprunter rien des sophistes, il suffira que vous écriviez comme un orateur, comme un philosophe et comme un historien tout ensemble. L'éloquence sera le privilège que les Dieux ont accordé aux hommes, comme le rayon de leur divinité ne devrait jamais être employé que pour protéger l'innocence ou pour éterniser la vertu.

Ceux qui ont fait une déesse de la persuasion n'avaient pas dessein de la rendre esclave du caprice des hommes, et ils connaissaient sans doute, aussi bien que moi, que l'éloquence est un don du Ciel qu'on ne doit jamais profaner. Le pouvoir qu'elle a d'exciter ou d'apaiser les passions les plus violentes, d'émouvoir les cœurs les plus endurcis, de persuader les plus incrédules, de forcer les plus opiniâtres, de contraindre jusqu'à notre volonté et de faire que nous nous opposions à nous mêmes, en quittant nos propres opinions pour suivre celles d'autrui. Tous ces avantages, dis-je, ne lui ont pas été donnés pour s'en servir avec injustice. Au contraire, c'est elle que les Dieux ont choisie, pour faire voir au monde la vertu aussi belle qu'elle est et pour lui faire tous les jours de nouvelles conquêtes. C'est par elle que les hommes, qui la possèdent, acquièrent l'immortalité, en immortalisant les autres. C'est elle qui, malgré le temps et la vicissitude des choses, conserve la mémoire des belles actions. C'est elle qui, malgré la destruction des royaumes et des empires, perpétue le souvenir des Rois et des Empereurs et qui, lorsque leurs cendres mêmes ne sont plus dans leurs tombeaux, que leurs palais sont détruits, que leurs plus fameuses Villes sont désertes, que leurs statues sont renversées et que leurs royaumes mêmes ont changé de nom, fait encore voir à toute la terre une Image de leur vertu.

Oui, plusieurs siècles après qu'ils ont cessé de vivre, ils vivent encore parmi les hommes, ils ont encore des amis et des sujets. On les consulte pour la conduite de la vie, on imite leurs bonnes qualités, on leur fait de nouveaux éloges. L'envie ne ternit plus leur gloire, on leur donne toute la louange qu'ils méritent. La vénération, qu'on a pour eux, est si grande qu'on ne marche aux lieux qu'ils ont habités, qu'avec quelque espèce de crainte. Et s'il demeure encore quelques vieilles ruines de leurs bâtiments, on respecte en eux ce que le temps n'a point respecté. On les regarde avec plaisir, on les préfère à toute la magnificence des Modernes, et les peintres mêmes ornent leurs tableaux de ces illustres ruines et en éternisent la mémoire.

Après cela, Isocrate, ne vous étonnez pas si je souhaite si passionnément que votre éloquence face un panégyrique pour mon cher seigneur. Je sais en quelle estime elle est par toute la Grèce, et je prévois avec certitude qu'on lui rendra justice aux siècles à venir.

Tous les écrits, qui porteront le nom d'Isocrate ou de Théopompe, seront révérés du temps de la fortune et de tous les hommes.

Ils passeront chez toutes les nations et par tous les siècles, sans qu'on leur face outrage et porteront avec eux la réputation de ceux dont ils auront parlé.

Il se trouvera peut-être même d'Illustres personnes qui, par l'estime qu'elles feront de vos ouvrages, vous feront parler des langues qui ne sont pas encore inventées, qui par l'éclat de votre gloire croiront ajouter quelque chose à la leur en la publiant.

Parlez donc Théopompe, parlez donc Isocrate, des vertus de Mausole et de l'amour d'Artémise, afin que tous les hommes en parlent après vous. Mais ne vous imaginez pas qu'il se mêle un sentiment de vanité, en la prière que je vous fais. Non Isocrate, je ne veux point que vous cherchiez, en ma personne ni en ma vie, de quoi me faire un éloge magnifique. Je ne veux point que vous parliez de mon Illustre naissance. Je ne veux point que vous disiez que je suis née avec la couronne d'Halicarnasse. Je ne veux point que vous disiez que, quoique femme, j'ai pourtant eu l'Art de régner souverainement. Je ne veux point que vous appreniez, à la postérité, l'estime extraordinaire, que le grand Xerxès faisait de moi. Je ne veux point que vous disiez que je fis le voyage de Grèce avec lui. Je ne veux point que vous fassiez connaître que j'avais la première place à son conseil et que le mien était toujours suivi. Je ne veux point que vous parliez des exploits que je fis en cette guerre, non

36

plus du prix excessif que les Athéniens promettaient à quiconque me remettait entre leurs mains. Mais je veux seulement que vous disiez qu'Artémise était Reine de Carie, parce qu'elle avait épousé Mausole qui en était roi. Qu'Artémise, sur toutes les vertus, a toujours aimé celle qui est la plus nécessaire à son sexe. Qu'Artémise n'a jamais eu d'autre passion que celle d'aimer parfaitement son mari. Qu'Artémise, après l'avoir perdu, a perdu le désir de la vie et enfin qu'Artémise, après ce malheur, n'a eu autre soin que d'illustrer sa mémoire. Mais après avoir dit toutes ces choses et avoir loué Mausole autant qu'il le méritait après, dis-je, avoir dépeint ma douleur, ou pour mieux dire mon désespoir aussi grand qu'il est, n'oubliez pas d'apprendre à la postérité, qu'après avoir fait bâtir le plus superbe monument qu'on ait jamais vu, je n'ai pu trouver d'urne que je crusse digne de renfermer ses cendres. Le cristal, l'albâtre et toutes les pierres précieuses, que la nature produit, n'eussent point, ce me semble, assez témoigné mon affection. Il ne fallait être que magnifique et libérale pour lui donner une urne d'or couverte de diamants, mais pour lui donner son cœur pour urne, il fallait être Artémise.

C'est là, Isocrate, que je renferme les cendres de mon cher seigneur. C'est là, Théopompe, que je mets en dépôt ces chères reliques, attendant avec impatience que son tombeau soit en état de recevoir cette urne vivante que je lui ai donnée. C'est véritablement mon cœur, qui doit servir d'urne aux cendres de mon cher Mausole. Il me semble que je leur donne une nouvelle vie, en les y mettant et il me semble encore qu'elles me communiquent cette froideur mortelle que j'y trouve.

Et puis il est bien juste que Mausole, ayant toujours été dans mon cœur tant qu'il a vécu, y soit encore après sa mort. Peut être que si j'eusse mis ses cendres dans cette urne d'or toute couverte de pierreries, peut-être, dis-je, que par la suite des temps quelque injuste conquérant serait venu ouvrir son tombeau et d'une main profane et sacrilège aurait emporté l'urne, jeté ses cendres au vent et séparé les miennes d'avec celles de Mausole. Mais de la façon dont j'en use, nous serons inséparables. Il n'est point de tyran qui

37

puisse troubler mon repos, puisqu'il n'en est point qui puisse m'éloigner de mon cher seigneur. Voilà, Isocrate, ce que je veux que vous disiez de moi.

Mais, pour mon cher seigneur, n'oubliez rien de tout ce qui lui peut être glorieux et de tout ce qui effectivement était en lui. Dites qu'il était redoutable à ses ennemis, aimé de ses sujets et en vénération à tous les princes, ses voisins. Parlez des grandes qualités de son âme, aussi bien que des grâces qu'il avait reçues de la nature. Louez sa valeur à la guerre, sa douceur dans la paix, son équité et sa clémence envers tout le monde.

Enfin formez-vous l'idée d'un prince accompli et vous ferez le véritable portrait de Mausole. Mais après toutes les choses, que vous aurez dites de cet Illustre mari, parlez avec ardeur de l'amour qu'il avait pour moi et de celle que j'ai toujours eue pour lui. Dépeignez cette passion aussi forte, aussi pure et aussi fidèle qu'elle a été. Détrompez ceux qui croient que le crime est la nourriture de l'amour et qui pensent qu'une passion légitime ne peut être ni ardente, ni longue, ni agréable. Apprenez leur que Mausole et moi donnons un exemple qui détruit toutes leurs expériences et tous leurs raisonnements, puisqu'encore que notre amour ait toujours eu beucoup d'innocence et n'a pas laissé d'avoir beaucoup d'ardeur de durer jusqu'à la mort et de nous être infiniment agréable. Parlez donc, avec éloge, de cette sainte liaison qui force deux personnes vertueuses à s'aimer éternellement. Mais s'il est possible, hâtez-vous de me satisfaire. Employez même votre éloquence à persuader tous ceux, qui travaillent au tombeau de Mausole, d'apporter le plus de diligence qui leur sera possible à avancer leur ouvrage, car le mien s'en va bientôt achevé. Le peu de cendres, qui me reste de mon cher Mausole, sera bientôt consumé et cela étant, je n'ai plus rien à faire au monde.

Tout ce qui est en la terre ne saurait plus me toucher l'esprit. Je suis insensible à tout, excepté à la douleur. Et le seul désir, que j'ai en l'âme, est de rejoindre mon cher Mausole et de savoir certainement que vous prendrez soin de sa gloire. La vôtre vous y doit obliger, la compassion vous y doit porter, et s'il est permis de proposer d'autres récompenses à des philosophes, que le seul plaisir de faire le bien, considérez qu'elle est la dispense que je fais, pour la structure de ce magnifique tombeau, et jugez de là que celle qui dépense tant de trésors pour des marbres muets ne sera pas ingrate, quand vous parlerez à la gloire de son cher Mausole. Mais quelque diligence que vous apportiez à me satisfaire, ni les architectes ni vous, n'aurez pas si tôt achevé vos ouvrages que j'aurais fini le mien. Et si je ne me trompe, je mourrai assez tôt pour vous permettre d'illustrer le panégyrique de Mausole, de la mort de son Artémise.

Effet de cette harangue

Cette vertueuse reine obtint ce qu'elle voulait. Isocrate et Théopompe parlèrent de son cher Mausole. Mais en des termes si avantageux que quelques-uns les ont accusés de l'avoir flatté pour de l'argent. Quant à elle, ce n'était pas sans raison qu'elle pressait les architectes, car ce superbe tombeau n'était pas encore achevé, lorsqu'il fallut qu'elle y eût sa place. Ceux qui avaient entrepris ce miraculeux ouvrage ne laissèrent pas de le finir. Il fut longtemps une des merveilles du monde et sa gloire, qui eut de plus solides fondements que lui, dure encore en la mémoire des hommes avec celle de Mausole et de l'illustre Artémise.

MARIAMNE A HÉRODE

Seconde harangue

Argument

Peu de gens ignorent qu'Hérode fit mourir sa femme. Mais tous ne savent pas ce qu'elle dit en sa défense. Des deux historiens, qui ont parlé d'elle, l'un n'était plus de son temps et l'autre était des flatteurs de son mari, ainsi c'est à nous à chercher la vérité, parmi l'ignorance de l'un et la malice de l'autre. Pour moi, j'avoue que je me range du parti de Mariamne, et que soit par pitié ou par raison, soit, dis-je, que sa beauté m'éblouisse ou que son innocence m'éclaire, je ne saurais croire qu'une Princesse, sortie de l'illustre et généreux sang des Maccabées, ait mis une tache à sa réputation et j'aime mieux croire qu'Hérode fut toujours Hérode, je veux dire un injuste et un sanguinaire. Voici donc l'apologie de cette belle infortunée qui aura plus de grâce en sa bouche qu'en la mienne. Ecoutez-la donc parler, je vous en conjure, et remarquez en son noble orgueil le vrai caractère de l'humeur de Mariamne.

Monstre qui fit périr cette innocente reine,
dont son cœur adorait le sage charmant,
Quel serait l'effet de ta haine,
Si tu fais mourir en aimant?

Mariamne à Hérode

Ce n'est ni la crainte de la mort, ni le désir de la vie qui me font parler aujourd'hui. Et si j'étais assurée que la postérité me rendît justice quand je ne serai plus, j'aiderais moi-même à mes accusateurs et à mes ennemis. Je regarderais le dernier de mes jours, comme le premier de ma félicité, et j'attendrais l'heure de mon supplice avec tant de constance qu'elle donnerait, peut-être, quelque confusion à ceux qui me persécutent. Mais puisqu'on en veut autant à ma vertu qu'à ma vie, il y aurait de la lâcheté à souffrir la calomnie sans la repousser, et l'innocence et la gloire sont des choses si précieuses qu'on doit tout faire pour les conserver.

Souffrez donc seigneur (s'il est bien sein à la petite fille d'Hircane de vous appeler ainsi) que pour vous faire voir la pureté de mon âme, je rappelle en votre mémoire ce que vous êtes et ce que je suis, afin que, comparant mes actions passées avec les accusations que l'on fait maintenant contre moi, vous puissiez en quelque sorte préparer votre esprit à croire les vérités que je lui dois dire. Vous n'avez pas, sans doute, oublié que je suis de cette illustre race, qui depuis tant de siècles a donné des rois à la Judée, que tous mes prédécesseurs ont tenu instamment le sceptre que vous avez, que par le droit de leur naissance, ils ont porté la couronne que la fortune vous a mise sur la tête, et que si les choses eussent été selon l'ordre ordinaire, bien loin d'être mon juge, j'eusse pu vous compter au nombre de mes sujets et prendre légitimement, sur vous, le pouvoir que vous usurpez sur moi.

Cependant, comme cette haute naissance m'obligeait à une vertu non commune, Hircane ne m'eut pas plutôt commandé d'être votre femme, que sachant l'obéissance que je lui devais, sans considérer l'inégalité qui était entre nous, je vous reçus pour mari. Et quoique mes inclinations fussent, grâce au Ciel, toutes contraires aux vôtres, vous savez de quelle façon j'ai vécu avec vous, et si vous eussiez pu attendre plus de complaisance et plus de témoignage d'affection de moi, quand même votre alliance m'eût été aussi honorable que la mienne vous était glorieuse.

Depuis cela seigneur, jusqu'à la perte d'Hicarne, qu'ai-je-fait ? Qu'ai-je dit ? Qu'ai-je pensé contre vous ? Rien, si ce n'est que je n'ai pu me réjouir de vos victoires, parcequ'elles étaient funestes pour mes parents. Et qu'encore que j'aie le cœur aussi grand que ma naissance est illustre, je n'ai pu monter sur le trône de mes prédécesseurs qu'en répandant des larmes, parce que je ne le pouvais avec justice, du moins en qualité de femme d'Hérode. Mais vous savez que, ne pouvant empêcher ce juste sentiment que la raison et la nature me donnaient, j'apportais du moins quelque soin à vous cacher mes pleurs. Je tâchais moi-même, en ce temps-là, de vous justifier dans mon esprit et tant que vous n'avez eu que de l'ambition sans cruauté, je vous ai plutôt plaint qu'accusé. J'appelais cette passion l'erreur des grandes âmes et la marque infaillible d'une personne née, pour les grandes choses.

Combien de fois ai-je dit, en moi-même, que si la fortune vous avait donné de légitimes ennemis, vous eussiez été le plus grand prince de la terre ? Combien de fois ai-je souhaité que ce grand et merveilleux esprit que vous avez, que ce cœur invincible, qui vous fait tout entreprendre, vous eût porté contre des peuples dont vous eussiez pu être le conquérant, et non pas l'usurpateur ? Hélas ! si vous saviez tous les vœux que j'ai faits pour votre gloire, vous ne me croiriez pas capable de l'avoir voulu tenir, en oubliant la mienne ! Mais, peut-être, est-ce pour cette faute que le Ciel me punit. Je ne saurais pourtant souhaiter de ne l'avoir point faite, et quoi que je me trouve aujourd'hui en danger de perdre la vie, je ne puis me repentir de vous l'avoir conservé par mes conseils lorsque, contre toute apparence, vous vouliez vous fier au traître Barsaphane.

Je ne vous reproche pas ce bon office, mais je vous fais souvenir seulement, pour vous faire voir que j'ai toujours fait tout ce que j'ai pu. Depuis cela, j'avoue que je n'ai pas toujours vécu ainsi, je n'ai plus caché mes pleurs, je n'ai plus étouffé ma voix. J'ai pleuré, j'ai crié, j'ai poussé des plaintes et des sanglots. Mais que pouvait moins faire la petite fille d'Hircane qui venait d'expirer par vos ordres et par votre cruauté ? Que pouvait, dis-je, moins faire la sœur du jeune Aristobule que votre inhumanité avait fait périr, pour affermir le sceptre entre vos mains ? Ah ! non, non, la patience eut été criminelle en cette occasion. J'étais sans doute née pour le trône, mais je n'y voulais pas monter, puisque je ne le pouvais sans marcher sur le corps de mon aïeul et de mon frère. Ce trône était mouillé de leur sang, il fallait du moins le laver de mes larmes, puisqu'il ne m'était pas permis de répandre celui de leur ennemi. Hélas ! lorsque je me souviens quel objet digne de compassion était celui de voir ce successeur de tant de rois, ce vénérable vieillard, recevoir la mort de celui qu'il avait reçu en son alliance. Je frémis d'horreur d'y songer seulement, et je n'en pourrais détourner la pensée si l'image du jeune Aristobule ne s'offrait à mes yeux. Qu'avait fait cet infortuné, pour mériter son malheur ? Il était jeune, il était vertueux, il était illustre en toute chose, et son plus grand défaut était sans doute qu'il me ressemblait.

Mais hélas ! ce défaut lui devait être avantageux en cette occasion, car s'il était vrai que vous eussiez pour moi cette amour ardent, que vous m'avez toujours voulu persuader être dans votre âme, quand Aristobule n'eût pas été mon frère, quand il n'aurait pas été innocent, vous auriez toujours dû respecter mon image en lui. La ressemblance de la personne aimée eut fait tomber les armes des mains des plus cruels et les eut fait changer de dessein. Mais que fais-je, insensée, de parler de cette sorte à celui qui en veut à ma propre vie et qui, non content d'avoir renversé le trône de mes pères, fait tuer mon aïeul, noyer mon frère et exterminer toute ma race, veut encore aujourd'hui me ravir l'honneur en m'accusant injustement de trois crimes dont je ne puis jamais être capable ? J'ai si peu accoutumé d'en commettre, et je suis si innocente de ceux qu'on m'impose, que je doute si je me souviendrais bien des accusations qu'on fait contre moi. Je pense toutefois que mes ennemis disent que j'ai envoyé mon portrait à Antoine, que j'ai eu une intelligence trop particulière avec Joseph et que j'ai voulu attenter à votre vie.

Oh ! Ciel ! est-il possible que Mariamne soit obligée de répondre à des semblables choses ? Et ne suffit-il pas de dire que c'est Mariamne qu'on accuse, pour dire qu'elle est innocente ? Non, je vois bien que, sans me souvenir ni de ma condition ni de ma vertu, il faut me mettre en état d'être condamnée injustement. Et quoique je sois d'une naissance à ne devoir rendre compte de mes actions qu'à Dieu seul, il faut pourtant que je me justifie devant mes accusateurs, mes ennemis et mes juges tout ensemble.

Vous dites, donc, que j'ai envoyé mon portrait à Antoine que je ne connaissais point et qui ne me vit jamais, et sans en marquer nulle circonstance, sinon qu'il était alors en Egypte. Vous voulez pourtant que cette accusation passe pour une vérité constante. Mais dites, un peu, quel est le peintre qui l'a fait ? Quel est celui qui l'a porté ? Quelles sont les personnes à qui Antoine l'a montré ? Où sont les lettres qu'il m'a écrites pour me remercier d'une si grande faveur ? Car il n'est pas croyable qu'il ait reçu un témoignage si extraordinaire de mon affection sans m'en rendre grâce. Le cœur de Mariamne n'est pas une conquête si peu glorieuse, qu'il y eut des rois en la terre qui ne tinssent à gloire de l'avoir faite et qui ne fissent toutes choses pour la mériter.

Cependant, il ne paraît nulles marques des soins qu'Antoine a apportés, ni à me conquérir, ni à me conserver et, certes en cette occasion, il faudrait que j'eusse non seulement oublié ma propre gloire, mais entièrement perdu la raison pour avoir songé au crime dont on m'accuse. Car si c'était du temps que vous faisiez toutes choses pour lui, jusqu' à lui envoyer toutes vos pierreries et à vous opposer à l'Empire romain en sa faveur, j'étais peu judicieuse en mon choix et je ne devais pas croire qu'Antoine, qui se piquait de générosité, dût trahir un homme à qui il avait tant d'obligation, pour une personne qu'il ne connaissait pas. Que si c'est depuis que vous n'avez plus été bien ensemble, par les Artifices de Cléopâtre, il y a encore moins d'apparence, et j'aurais bien été inconsidérée de donner moi-même des armes à mon ennemi (car en ce temps-là, vos intérêts étaient encore les miens).

Et puis quelle vraisemblance y-a-t-il, quand je serai aussi infâme que je suis innocente, que dans un temps où toute la terre n'était remplie que de l'amour d'Antoine et de Cléopâtre, je lui eusse envoyé mon portrait ? Rome avait-elle trouvé cet expédient, pour le guérir des charmes de cette Egyptienne ? L'Empire avait-il eu besoin de ce remède ou bien ai-je voulu me sacrifier à la vanité de cette malheureuse princesse dont la jalousie n'aurait pas manqué d'éclater hautement ? Non Hérode, rien de tout cela n'est arrivé, et l'innocence de Mariamne est si grande que ses ennemis mêmes ne peuvent lui supposer de crimes vraisemblables.

Et puis, vous savez que ce que l'on appelle beauté, en moi, ne m'a jamais donné de vanité et que j'ai toujours eu plus de soin d'être vertueuse que d'être elle. Je ne nie pas, toutefois, qu'il n'y ait un portrait de Mariamne qui a passé chez tous les princes de la terre et qui, peut-être, y sera conservé longtemps. Oui Hérode, il y a une image invisible de Mariamne qui erre parmi le monde, qui lui fait des conquêtes innocentes et qui, sans son consentement, vous fait des ennemis secrets. Sa haute naissance, sa vertu, sa patience et votre cruauté sont les seules couleurs qui sont employées à ce portrait et le sang, que je m'en vais répandre, achèvera sans doute de le rendre adorable à la postérité.

Mais pour répondre à la seconde accusation que l'on me fait qui, bien que fausse, ne laisse pas de me faire changer de couleur, par la confusion que j'ai d'être contraint de parler d'une semblable chose, je dirais avec joie que, grâce au Ciel, je n'ai point d'autres témoins contre moi que vous qui, durant le temps de ce crime supposé, étiez à Lodicée et qui, par conséquent, étiez incapable de répondre de mes actions. Aussi suis-je bien assurée que ni vos yeux ni vos oreilles ne sauraient rien rapporter contre mon innocence. Et quoique toute votre cour ne soit composée que de vos esclaves ou de mes ennemis, que votre sœur même qui me haït, et par envie et par intérêt d'Etat, ayant observé avec un soin extraordinaire jusqu' aux moindres choses que j'ai faites ou dites, je suis (dis-je) bien certain qu'elle n'oserait me soutenir d'avoir entendu une seule parole ni remarqué un seul de mes regards qui put faire soupçonner la modestie de Mariamne.

Ce n'est pas que je ne sache bien qu'elle peut dire un mensonge, mais ce qui fait que je parle avec tant de hardiesse, c'est que je sais que j'ai encore plus de vertu qu'elle n'a de malice, et qu'ayant le Ciel pour mon protecteur, je ne puis croire que du moins si je dois périr, je n'obtienne la grâce de mourir de la façon que votre injustice et mon innocence se sont également manifestées. Et certes, en cette occasion, il ne faut qu'ouvrir les yeux pour voir que les accusations, que l'on fait contre moi, ne sont qu'un prétexte pour me perdre. Car quelle apparence y-a-t-il, quand même j'aurais été capable d'un semblable crime, que j'eusse choisi le mari de Salomé, ma plus cruelle ennemie et le confident d'Hérode ? Mais confident jusqu' au point qu'on lui confiait toutes choses et qu'il n'était point de mauvais desseins qu'on ne lui communiquât. Il avait part à tous les crimes, il était le geôlier et non l'amant de Mariamne et, pour tout dire, c'était lui qui me devait mettre un poignard dans le cœur, pour obéir à vos volontés.

Oh ! Ciel qui vit jamais un pareil témoignage d'amour ! Quoi Hérode vous pûtes en partant me dire adieu avec des larmes, vous pûtes me regarder comme vous fîtes, avec des yeux où je ne voyais que des marques d'affection et, dans ce même temps, méditer ma mort ? Ah ! si vous l'avez pu (comme j'en doute point), vous pouvez bien encore aujourd'hui feindre de me croire coupable, pour me faire mourir innocente. Et ne me dites point, de grâce, que ce commandement fut un effet de la forte passion que vous aviez pour moi. La mort de la personne aimée ne peut jamais être un témoignage d'affection. La haine et l'amour ne font pas faire les mêmes choses, elles peuvent quelquefois régner successivement dans un cœur, mais jamais ensemble. Tout homme, qui aime bien, ne peut jamais vivre sans la personne aimée, mais il peut toujours mourir sans elle, et sa perte ne lui doit jamais être une pensée agréable. Il doit avoir regret de s'éloigner d'elle et non pas regret de ce qu'elle ne meurt pas avec lui.

Mais votre façon d'aimer vous est toute particulière et votre inclination est naturellement si cruelle que les poisons et les poignards sont les plus agréables présents qu'on puisse recevoir de vous, quand vous voulez témoigner votre amitié.

Dites-moi, de grâce, comment vous pouvez accommoder toutes ces choses ? Vous dites que j'ai envoyé mon portrait à Antoine et que, par conséquent, j'ai eu une intelligence avec lui et, dans ce même temps, vous m'accusez encore d'en avoir eu une autre avec Joseph, parce que, dites-vous, que lui ayant confié la chose du monde qui vous était la plus importante, et lui me l'ayant découverte, il est impossible que je ne me sois donnée absolument à lui pour le récompenser de cet avis. Songez-vous bien, Hérode à ce que vous dites ? Antoine et Joseph eussent-ils pu être ensemble dans mon cœur ? Etaient-ce deux rivaux de même rang et de même mérite ? Et cette Mariamne, dont la naissance est si grande et si illustre, dont l'âme est si haute et si glorieuse, que quelques-uns prennent plutôt ce noble orgueil pour un défaut que pour une vertu, aurait-elle pu être capable d'une même faiblesse, pour deux hommes si différents, et qui n'eussent pu avoir nulle conformité ensemble, sinon qu'il leur eut été également impossible de toucher mon cœur, quand ils l'auraient entrepris.

Cette conquête n'est pas si facile que vous pensez, et certes je m'étonne que vous, qui ne l'avez jamais pu faire, jugiez qu'elle ait si peu coûté aux autres. J'avoue que Joseph m'a découvert le mauvais dessein que vous aviez contre moi, mais j'avoue aussi que je ne le crus pas. Je pensai d'abord que c'était une méchanceté de Salomé qui, pour me porter à éclater plus hautement contre vous, afin d'avancer ma perte, avait inventé cet artifice, s'imaginant que ma mort me toucherait plus que n'avait encore fait celle d'Hicarne et celle de mon Frère.

Et ce qui me portait davantage à le croire ainsi était que je voyais qu'il entreprenait de me persuader que je vous devais être infiniment obligée de cet excès d'amour que vous m'aviez témoigné en cette occasion, joint aussi, qu'il ne m'apprit ce dessein que lorsque vous étiez prêt à revenir et que, bien long de m'en faire un secret mystérieux, il me le dit en présence de ma mère et devant toutes mes femmes. Il est certain, qu'encore que j'eusse tout attendre de vous, je doutais de la vérité que me disait Joseph. Je pensai qu'étant mère de vos enfants, vous étiez incapable d'un sentiment si barbare, et, en effet, sans déterminer la chose dans mon esprit, j'attendis votre retour. Je vous reçus avec la même mélancolie que j'ai toujours eue, depuis la perte d'Hicarne et d'Aristobule, sans vous en témoigner davantage et, observant toutes vos actions, j'avoue que je doutais toujours de la vérité du discours de Joseph. La malice de sa femme me le rendait encore plus suspect et, lorsque je vous en parlai, il est certain que j'avais plutôt le dessein de m'éclaircir de la chose que de vous la reprocher. Car s'il eut été vrai que j'eusse eu pour Joseph une affection particulière et que j'eusse reçu ce qu'il m'avait dit, comme un pur effet de la compassion qu'il avait de moi, je serais plutôt morte que d'en avoir parlé, et ce malheureux vivrait encore.

Voilà, toutefois, tous les témoignages de bienveillance que je lui ai rendus, personne ne dit que nous ayons eu un commerce fort particulier ensemble, personne ne dit qu'il soit venu souvent à mon appartement, et enfin je n'ai rien fait pour lui que ce qu'aurait pu faire sa plus cruelle ennemie, si elle avait su la même chose. Certes je l'aurais mal récompensé, si j'en avais usé ainsi. Vous dites encore que la haine et la vengeance m'ont portée à favoriser Joseph, après avoir su votre dessein, mais sachez que les grandes âmes ne faillent jamais par exemple.

Les crimes d'autrui leur donnent tant d'horreur qu'elles ne sont jamais plus fortement confirmées au bien, que lorsqu'elles voient commettre le mal, et pour moi je pense que j'aurais été moins innocente, si vous aviez été moins injuste. Enfin, pour conclusion, si Mariamne, sortie de tant d'illustres rois, avait voulu donner son affection à quelqu'un, ce n'aurait point été au mari de Salomé, ni au favori d'Hérode, et si pour la punition des crimes d'autrui, elle en avait été capable, elle n'aurait pas causé la mort à celui qu'elle aurait cru lui vouloir conserver la vie. Vous ne savez que trop quel fut mon étonnement, lorsqu'après le discours que je vous fis, je connus par votre réponse qu'il était véritable, j'en fus si surprise que j'en perdis presque la parole. Je ne prévus toutefois pas l'accusation qu'on fait aujourd'hui contre moi et la seule connaissance de votre crime et de l'innocence de Joseph, que j'exposais à votre cruauté, firent toute ma douleur. Depuis cela Salomé, profitant de ce malheur pour me perdre comme elle en a le dessein depuis longtemps, vous a sans doute persuadé que j'avais voulu attenter à votre vie, et voici le seul crime où il se trouve un témoin contre moi, mais si je ne me trompe, il me justifie plus qu'il ne me convainc. Car quelle apparence y a-t-il que, pour un dessein de cette importance, je me sois confiée à un homme de si basse condition ? Et quelle vraisemblance y a-t-il, s'il était vrai que j'eusse eu une intelligence avec Joseph, que ce n'eût pas été lui plutôt que moi qui eut fait cette proposition ? Ai-je accoutumé de converser avec de semblables personnes ? Cet homme est-il venu à mon appartement ? L'ai-je mis auprès de vous ? A-t-il été de ma maison ? Est-il parent de quelqu'un de mes officiers ? En quel lieu ai-je parlé avec lui ? De quelle façon l'ai-je suborné ? Qu'il montre les pierreries que je lui ai données, qu'il fasse voir l'argent qu'il a reçu pour un si grand dessein, car il est hors de raison de penser que, sur une simple espérance, il ait entrepris de hasarder sa vie. Il répondra peut-être à cela que, comme il n'avait pas dessein de faire la chose et qu'au contraire il voulait vous en avertir, il n'a pas songé à la récompense. Mais j'ai à dire à cet imposteur que, pour ne pas me donner lieu de le soupçonner, il aurait toujours accepté ce que je lui aurais offert. Et qu'ainsi n'en ayant point parlé et ne pouvant le faire voir, c'est une induction forte et convaincante de son mensonge.

Car enfin l'or est le complice de tous les crimes, l'espérance seule est le partage des grandes âmes mais pour les basses et les mercenaires, il faut les toucher par la vue d'une récompense certaine. Autrement ces sortes de gens ne vous servent point, et trop d'exemples de votre règne doivent vous avoir appris ce que je dis. Que s'il est vrai que l'on ne puisse faire voir que moi ni les miennes ayons eu nul commerce avec cet homme, il n'en est pas ainsi de Salomé, votre cœur et mon ennemie. Il y a longtemps que mes femmes m'ont avertie que, contre la coutume et la bienséance du rang qu'elle tient aujourd'hui, il allait souvent l'entretenir jusque dans son cabinet. Néanmoins, comme je n'ai jamais pu m'abaisser à prendre garde à de semblables choses et que, par un excès de vertu, je ne soupçonne pas aisément les autres, j'écoutai ce discours sans y faire nulle réflexion. Mais si vous voulez les obliger à vous rendre compte de tant de conversations qu'ils ont eues ensemble, je m'assure que vous ne trouverez pas qu'ils vous répondent précisément.

Et puis en quel lieu ai-je pris du poison ? Qui l'a préparé ? D'où l'ai-je fait venir ? Et pourquoi, si j'avais eu cette intention était-il nécessaire d'y employer cet homme ? Ne m'était-il pas aisé, en tant de diverses rencontres où nous avons mangé ensemble, de vous empoisonner de ma main, sans me confier à personne ? Pourquoi n'eusse-je pas tenté la chose dès votre retour de Laodicée, aussi bien qu'on prétend que j'ai fait après votre retour de Rhodes, puis que le malheureux Joseph m'avait découvert alors vos cruelles intentions, aussi bien que l'infortuné Soesme me les a dites depuis ? Enfin, Hérode, toutes ces choses sont hors d'apparence, et il n'y a point d'esprit si peu intelligent qui ne voie bien que si je n'étais pas sortie des Rois de Judée, si je n'étais pas vertueuse, je n'aurais point d'ennemis et ma perte ne serait point résolue. Je n'aurais point envoyé mon portrait à Antoine, je n'aurais point eu d'intelligence avec Joseph, je n'aurais point attenté à votre vie et, par conséquent, la mienne serait en sûreté. Mais par ce que je suis d'un sang trop illustre et que mon âme est trop haute, pour souffrir les bassesses et les lâchetés de mes ennemis, il faut que Mariamne meure, il faut qu'elle périsse et qu'elle soit sacrifiée à la haine de ses persécuteurs. Ils le veulent ainsi, et elle y est résolue. Ne pensez donc pas injuste et cruel Hérode que je parle avec intention de vous fléchir, je songe à conserver ma réputation et non pas à toucher votre cœur. Car comme je l'ai dit, au commencement de mon discours, ce n'est ni la crainte de la mort, ni le désir de la vie, qui me font parler aujourd'hui. La première ne me prépare que des couronnes et l'autre ne me donnerait que des supplices.

Ce n'est donc point l'espérance d'échapper du péril, où je suis, qui m'a fait apporter quelque soin à me justifier. Je sais que mon arrêt est signé, que mes bourreaux sont déjà tous prêts à m'enlever la tête et que mon tombeau est déjà ouvert pour me recevoir. Mais ce qui m'a poussée à en user ainsi a été, afin que tous ceux qui m'écoutent, pussent apprendre à la postérité que mes ennemis mêmes n'ont pu, avec toute leur malice, noircir la vertu de Mariamne ni trouver un prétexte plausible de la condamner. Si j'obtiens cette grâce de ceux qui m'entendent, je meurs presque sans douleur et je dirai absolument sans regret si les enfants, que je vous laisse, étaient exilés de la maison paternelle car je ne doute point, comme ils sont vertueux, qu'ils ne s'acquièrent votre haine aussi bien que moi.

Les plaintes, qu'ils feront de ma mort, seront des crimes contre vous. Vous croirez qu'ils en voudront à votre vie, en plaignant la perte de la mienne. Hélas ! je les vois déjà maltraités par cette esclave qui fut votre première femme. Je les vois soumis à l'humeur violente de votre fils Antipatre, à la calomnie de Salomé, aux outrages de Phérore et à votre propre cruauté. Et, peut-être, que les mêmes bourreaux, qui me feront mourir, répandront leur sang ou, pour mieux dire, achèveront de verser le mien ? Je vous vois déjà, injuste et cruel, à la fin de tant de meurtres, mais n'espérez pas de jouir paisiblement du fruit de tant de funestes victoires. Vous cherchez un repos que vous ne trouverez pas. Vous ferez vous même votre accusateur, votre juge et votre bourreau. Les ombres de tant de Rois, dont je suis descendue et que vous outragez en ma personne, vous environneront de toutes parts. Celles du vieil Hircane et du jeune Aristobule troubleront toute votre vie. Vous vous verrez toujours tout couvert du sang de vos enfants et l'image de Mariamne, poursuivie par les bourreaux qui l'attendent, vous suivra toujours pas à pas. Vous la verrez toujours soit en veillant soit en dormant, qui vous reprochera sa mort. Vous aurez en votre cœur le repentir, la honte, la confusion et le désespoir. Vous souhaiterez la mort que vous donnez aux autres, ma vertu vous paraîtra alors aussi pure qu'elle est, vos crimes vous sembleront aussi grands qu'ils sont, mais vous aurez peut-être le malheur de vous repentir, sans vous amender. Et je ne doute point, qu'après avoir violé tous les droits divins et humains, on ne les viole aussi en votre personne.

Oui, je vois déjà l'aîné de vos enfants (car les miens n'en seront jamais capables) vous vouloir donner ce poison dont vous m'accusez injustement. Je vois (dis-je) tous les ministres de vos fureurs, devenir vos plus cruels ennemis. Salomé, Phérore et Antipatre seront les plus ardents à vous nuire. Je vous vois haï de tout le peuple, détesté de tous les princes, exécrable à la postérité, et peut-être vous serez-vous alors si effroyable à vous-même, qu'après avoir répandu tout le sang de votre race, le désespoir vous mettra un poignard dans la main, pour délivrer le monde d'un si dangereux ennemi. Mais, peut-être, encore ne pourrez-vous finir quand vous le souhaiterez, et vous aurez le malheur de souffrir, dès cette vie, les supplices qui vous sont préparés en l'autre. Voilà, injuste et cruel Hérode, la prédiction que vous fait en mourant injustement la malheureuse Mariamne qui, en cette dernière journée, vous regarde plutôt comme un sujet révolté ou comme son tyran que comme son roi ni comme son mari.

Effet de cette harangue

Cette belle et généreuse affligée obtint tout ce qu'elle demandait à son mari et à la postérité, car le premier lui donna la mort et l'autre a conservé sa gloire. Je croirais la mienne bien grande si, après tant de siècles, j'y pouvais encore contribuer quelque chose, et si mes pensées n'étaient pas crues indignes d'elle. J'en dirais d'avantage, si l'auteur de la cour sainte n'avait tout dit, mais comme il a été trop soigneux, pour rien laisser en ce beau champ, je suis trop glorieux pour y paraître inutilement après lui. Il suffit que je regarde son triomphe, sans m'attacher à son char et j'aime mieux quitter mes armes que de les voir parmi ses trophées.

CLÉOPÂTRE A MARC-ANTOINE

Troisième harangue

Argument

Après la perte de la bataille d'Actium, arrivée par la fuite de Cléopâtre qui fut suivie de celle d'Antoine, il eut quelque opinion qu'elle l'avait voulu trahir et lui en témoigna ses ressentiments. Mais cette belle et adroite Egyptienne, qui lui voulut ôter une impression qui lui était si désavantageuse, lui parla de cette sorte, en faveur de son innocence. Au moins ai-je fondé les paroles que je mets en la bouche de cette reine, sur des conjectures de l'histoire et voici, selon mon sens, ce qu'elle put dire en cette occasion, à cet amant irrité.

> *Cette reine en son mauvais sort,*
> *Comme de la pitié, peut donner de l'envie,*
> *Puisque la gloire de sa mort,*
> *ôte la honte de sa vie.*

Cléopâtre à Marc-Antoine

Il est donc vrai que Antoine a pu soupçonner Cléopâtre d'avoir favorisé son ennemi, qu'il a pu penser que, de sa propre main, elle avait voulu lui arracher la couronne que la victoire allait lui mettre sur la tête ? Et pour tout dire, en une seule parole, qu'il a cru qu'elle l'avait trahi ? Ah s'il est ainsi et si, par mon discours, je ne puis remettre la raison en votre âme, en lui donnant d'autres sentiments de ma fidélité, je ne veux plus de vie et la mort est le terme de mes souhaits.

Non Antoine, si je suis morte en votre cœur, je ne veux plus vivre au monde et, peut-être, que ma perte vous fera voir que je n'ai pas voulu la vôtre. Mais dites-moi de grâce (ô illustre empereur), par quelle voie, par quelle libéralité ou par quelles espérances, Octave a-t-il pu suborner ma fidélité ? Ce ne peut, du moins, pas être une nouvelle passion qui ait surpris mon cœur en conquérant le sien, puisque nous sommes également inconnus l'un à l'autre. Ce ne peut pas être aussi pas des présents, car que pourrais-je recevoir de lui que je n'ai reçu de vous qui m'avez donné des royaumes tout entiers et qui, enfin, me faites régner sur la plus grande partie de l'Asie ? Mais quand il serait vrai que j'aurais pu me résoudre à vous abandonner pour suivre son parti, quelle sûreté aurais-je pu prendre en ses paroles ? Où sont les ôtages qu'il m'a envoyés, pour l'assurance de notre traité ? Où sont les places qu'il m'a rendues ?

Quoi Antoine, j'aurais pu me fier à la parole de César, lui qui est le frère d'Octavie, lui qui publiquement, dans Rome, m'a déclaré la guerre et qui me connaît bien plutôt sous le nom de cette Egyptienne, plus fameuse (à ce qu'il dit) par ses enchantements que par sa beauté, que non pas par celui de Cléopâtre ? Quoi Antoine, j'aurais pu m'assurer en lui ! Cléopâtre se serait elle-même chargée des chaînes. Elle aurait, de ses propres mains, attaché ses bras au char de triomphe de son ennemi, et qui pis est encore ennemi d'Antoine, et par une imprudence et une ingratitude qui n'eurent jamais d'exemple, elle aurait trahi un homme qui a trahi sa propre gloire pour l'amour d'elle, qui s'est rendu l'ennemi de son pays en sa considération, qui a abandonné la sœur de César plutôt que de l'abandonner, qui a partagé sa puissance avec elle, qui a préféré ses intérêts à ceux de l'empire romain, et qui, pour tout dire, lui a donné son cœur absolument ? Ah ! non, Antoine, toutes ces choses sont hors d'apparence, et il suffit presque de voir que je n'ai pas oublié les obligations que je vous ai, pour faire croire que je suis innocente.

Mais s'il m'est permis d'y ajouter encore une autre raison, je dirais que comme on n'oublie pas aisément les bienfaits d'autrui, quand on est généreux, on n'aime pas aussi à perdre les siens propres et rarement voulons-nous effacer, par des injures, les bons offices que nous avons faits à quelqu'un.

Considérez donc s'il est possible (pardonnez-moi, si je parle ainsi), qu'après avoir fait pour vous tout ce que j'ai fait, je veuille moi-même en étouffer le souvenir en votre âme et, de ma propre volonté, mettre la haine dans un cœur dont l'empire m'a coûté tant de vœux et tant de soins. Car s'il vous en souvient, mon cher Antoine, vous fûtes plutôt ma conquête que je ne fus la vôtre. La renommée m'avait déjà fait un portrait de vous qui, me donnant de l'admiration, me fit prendre le dessein de vaincre, en votre personne, le vainqueur de tous les autres. Et quoi que mes yeux eussent quelques fois remporté d'assez illustres victoires, et qu'entre leurs captifs ils pussent conter des Césars et des demi-Dieux, je ne me fie pourtant point à leurs charmes. Ma beauté me fut suspecte en cette occasion, je la crus trop faible pour vous vaincre et, comme vous étiez le plus magnifique de tous les hommes, je voulus que l'amour n'entrât dans votre cœur que par la magnificence, et que le jour de sa prise semblât plutôt un jour de triomphe qu'un jour de combat. Je voulus donc vous éblouir par la beauté de mes armes, car s'il vous en souvient, mon cher Antoine, le premier jour que je vous vis, je parus dans un vaisseau dont la poupe était d'or, les voiles de pourpre et les rames d'argent qui, par une cadence mesurée, suivaient le son de divers instruments concertés ensemble. J'étais sous un pavillon tissé d'or, et comme je savais que votre naissance était divine puisque vous êtes descendu d'Hercule, j'avais, comme vous ne l'ignorez pas, un habillement pareil à celui qu'on donne à Vénus. Toutes mes femmes étaient habillées magnifiquement en nymphes et cent petits amours, à l'entour de moi, étaient encore un effet du désir que j'avais de vous vaincre car enfin, mon cher Antoine, ce petit armement n'était fait que contre vous.

Ce ne fut donc pas sans dessein que je vous surmontai, j'employai toutes choses pour cela, et tout ce que la beauté, l'adresse et la magnificence peuvent faire ne fut pas oublié en cette occasion. Je sais bien que c'est une imprudence de vous parler de toutes ces choses, dans un temps si éloigné de la félicité de celui-là, mais cette journée me fut si glorieuse que je n'en puis jamais perdre la mémoire et puis à parler, raisonnablement, ce souvenir n'est pas inutile à ma justification.

Car le moyen de penser que j'ai voulu moi-même perdre ma conquête ? C'est un sentiment qui n'est jamais tombé dans l'esprit de tous les conquérants. Alexandre aurait sans doute mieux aimé perdre la Macédoine que la Perse, ce royaume-là était le bien de ses pères. Mais celui-ci était véritablement à lui et, par la même raison, je me perdrais plutôt moi-même que de vous perdre. Vous savez encore, si je ne me trompe, que je ne fus pas un vainqueur rigoureux, les chaînes, que je vous donnai, n'étaient point pesantes. Mes lois n'avaient rien de rude et, de la façon dont j'en usai, il eut été difficile de connaître le victorieux. Depuis cela qu'ai-je fait, Antoine, qui me puisse rendre suspecte ? Il est vrai que j'ai oublié ma propre gloire, mais cela a été pour l'amour de vous.

Oui, j'ai souffert qu'on m'ait diffamée à Rome et, quoique l'orgueil de votre nation, qui traite toutes les étrangères de barbares et toutes les reines d'esclaves, m'ait empêché d'être votre femme, l'affection, que j'ai pour votre personne, a été si forte que je n'ai pas cessé d'être à vous.

Oui, Antoine, je vous ai aimé plus que mon honneur et plus que ma vie. J'ai cru qu'il ne pouvait être injuste d'aimer un homme digne du rang des Dieux et que la passion, que j'avais dans l'âme, avait une si noble cause qu'elle me rendrait excusable, de sorte que sans considérer les malheurs qui m'étaient préparés, je vous ai toujours constamment aimé, depuis le premier jour que je vous l'ai promis. Jugez, après cela, si j'ai pu vous trahir, ou pour mieux dire, si j'ai pu me trahir moi-même. Il est vrai que j'ai pris la fuite mais, généreux Antoine, si j'ai fui, ce n'a été que pour l'amour de vous. J'ai méprisé la victoire pour conserver votre vie, et votre personne m'a été plus chère ni que votre gloire, ni que la mienne. Je vois bien que ce discours vous étonne et vous surprend mais, pour vous le faire comprendre, souffrez que je vous dis en quel état se trouva mon âme, alors qu'au milieu du combat je vous vis tout couvert de traits et de flammes. La mort, que je voyais en tant de lieux, me faisait appréhender la vôtre, toutes les javelines des ennemis me semblaient ne s'adresser qu'à vous et, de la façon dont mon imagination me représenta la chose, je crus que toute l'armée de César ne voulait combattre qu'Antoine. Il me sembla même, plus d'une fois, que je vous avais vu entraîner par force dans les vaisseaux ennemis ou tomber mort à leurs pieds.

Et quoique ceux qui m'environnaient m'assurassent que mes yeux me trompaient et que la victoire était encore incertaine, que ne disais-je point en ces funestes moments ? Et quelle douleur ne sentais-je pas ? Ah ! mon cher Antoine ! si vous saviez en quelle peine se trouve une âme qui voit la personne aimée au hasard de mourir à chaque instant, vous trouverez que c'est le plus effroyable tourment que l'on puisse jamais endurer. Mon cœur reçut tous les coups que l'on vous porta, je fus captive toutes les fois que je crus que vous l'étiez, et la mort même n'a rien de si rude que je n'éprouvasse en cette occasion. En ce déplorable état, je ne trouvais point de remède à ma douleur et mon imagination, devenant toujours plus ingénieuse à me persécuter, après m'avoir persuadé que tous les ennemis voulaient votre mort, me persuadait ensuite qu'ils songeaient à conserver votre vie, pour se rendre maîtres de votre liberté. Ce premier sentiment me donnait sans doute un instant de repos mais l'image du triomphe de César, se présentant tout d'un coup à moi, je retombais dans mon premier désespoir.

Ce n'est pas, mon cher Antoine, que je vous crusse capable de suivre le char d'un vainqueur mais je crus que, pour éviter cette suprême infortune, vous auriez recours à la mort, et qu'ainsi de quelque façon que fût la chose, je me trouverais toujours également malheureuse. Je cherchais quel serait le poison que je choisirais pour vous suivre, et il n'est point de funeste résolution qui ne me passât en l'esprit. Je pensai plus de vingt fois me jeter dans la mer, pour me délivrer de la peine où j'étais. Néanmoins, comme je ne pouvais mourir sans vous quitter, je ne pus suivre ce dessein. Mais tout d'un coup, venant à considérer la forte passion que vous m'avez toujours témoigné, je crus que si vous me voyez abandonner l'armée, vous l'abandonneriez aussi et que, par là, j'avais trouvé un moyen de conserver votre vie et votre liberté tout ensemble.

Car (disais-je en moi-même, après avoir formé cette résolution) César ne cherche pas tant la victoire que la vie ou la liberté d'Antoine, et pourvu qu'il n'ait ni l'une ni l'autre, je me consolerai de la perte de la bataille. Enfin, mon cher Antoine, je fis ce que mon affection et mon désespoir me conseillèrent de faire, et vous fîtes ce que j'avais attendu de votre amour. Je n'eus pas si tôt vu que, quittant votre vaisseau, vous preniez une galère pour me suivre que mon cœur se laissa surprendre à la joie. Il me sembla que c'était moi qui gagnais la bataille, puisque je vous conservais et, venant à penser que César eût voulu échanger sa fortune avec la mienne, j'étais presque consolée de toutes mes disgrâces. Mais ce qui me donna le plus de satisfaction, en cette funeste journée, fut de voir qu'Antoine avait été capable de préférer Cléopâtre au désir de vaincre ses ennemis, qu'il avait mieux aimé la suivre infortunée que de poursuivre sa victoire et qu'enfin l'empire de tout le monde lui était moins cher que Cléopâtre. Cette pensée est si douce qu'encore que ma fuite nous ait mis au rang des vaincus, je ne puis toutefois m'en repentir et, de la façon qu'est la chose, la bataille d'Actium ne sera pas si glorieuse pour César que pour Cléopâtre. Il a vaincu des soldats qui n'avaient plus de chef, mais Cléopâtre a vu le plus vaillant de tous les héros jeter ses armes pour la suivre. Or pour achever de me justifier, souvenez-vous, mon cher Antoine, qu'aussitôt que vous vous fûtes détaché de vos vaisseaux, je fis mettre sur la poupe du mien une banderole, pour vous avertir que c'était là où vous deviez me trouver. Jugez si cette action est d'une criminelle, car si j'eusse eu dessein de me séparer de vous, il m'était aisé de ne pas vous recevoir, puisque j'avais soixante voiles et que vous n'aviez qu'une simple galère.

Si je vous avais trahi, il m'eût été aisé de vous remettre entre les mains de César et, par là, lui donner véritablement la victoire. Si j'avais essayé de me ranger du côté des ennemis, si la route que je prenais vous eut pu être suspecte, je dirais que vos soupçons sont légitimes mais au contraire, ma fuite n'ayant été qu'un effet de mon désespoir et de mon amour, vous devez vous plaindre de la fortune, et non pas accuser Cléopâtre. Au reste ne vous imaginez pas ni que cette victoire soit fort glorieuse à César, ni que votre retraite vous soit honteuse. Vous n'avez pas fui vos ennemis, mais vous avez suivi Cléopâtre.

Vos soldats ont étés vaincus par César mais, vous, vous ne l'avez été que par l'amour seulement. Si cette bataille était la première occasion de guerre où vous vous fussiez trouvé, votre valeur pourrait être mise en doute, mais elle est si universellement connue qu'aucun ne la peut ignorer. Il n'y a presque point de peuple où vous n'ayez rendu des preuves de votre courage en votre première jeunesse, et certes il fallait que vous en eussiez beaucoup donné, puisque le grand Jules César vous choisit pour commander la pointe gauche de son armée, en cette fameuse bataille de Pharsale, et en une journée d'où dépendait la conquête de l'empire de tout le monde. Et puis, Octave sait assez que vous savez l'art de combattre et de vaincre. La bataille, que vous gagnâtes contre Cassius, ne lui permet pas d'en douter et moins encore la victoire que vous remportâtes sur Brutus, vu qu'en cette occasion on ne peut dire que vous avez vaincu les vainqueurs d'Octave puisque, comme vous savez, il avait perdu la bataille quelques jours auparavant et avait fui lâchement, devant ceux que vous surmontâtes peu de temps après, mais avec cette différence que l'amour a fait votre fuite et que la crainte faisait peut-être la sienne.

Vous voyez donc bien, mon cher Antoine, que vous êtes vaincu sans honte et que votre ennemi a presque vaincu sans gloire. Et puis nos affaires ne sont pas encore désespérées, vous avez une puissante armée auprès d'Actium qui n'est pas encore sous les enseignes de César. Mes royaumes ont encore des hommes, de l'argent et des places fortes, et je veux que tous mes sujets répandent jusqu'à la dernière goutte de leur sang, pour conserver le vôtre et votre liberté.

Mais enfin, quand la fortune vous ôtera avec injustice toutes les couronnes que votre mérite et votre valeur lui ont arrachées par force, sachez que Cléopâtre ne vous en aimera pas moins. Non, mon cher Antoine, quand bien même cette ennemie des personnes Illustres nous réduirait à vivre sous une cabane de chaume, en quelque lieu séparé de la société des hommes, j'aurais pour vous le même respect que j'avais, en ce bien heureux temps, où vous donniez des royaumes et où l'on voyait vingt-deux Rois à votre suite.

Ne craignez donc point que le malheur m'épouvante. Il n'y en a qu'un que je ne puis jamais souffrir avec vous et, sans doute, vous ne souffrirez pas aussi. Oui, Cléopâtre peut être exilée avec Antoine sans se plaindre, elle peut renoncer à toutes les grandeurs de la royauté et conserver encore le désir de la vie mais, pour la servitude, c'est ce qu'elle ne saurait endurer, et ce qu'elle sait bien que vous ne souffrirez non plus qu'elle. Soyez donc assuré que, bien loin d'avoir intelligence avec César, je vous engage ma parole de mourir plutôt que de me fier en lui et me mettre au hasard de servir à son triomphe. Non, Antoine, Cléopâtre ne portera jamais des chaînes et, si la fortune la conduit au terme de n'avoir point d'autre chemin à choisir que celui de Rome ou celui de la mort, la fin de sa vie justifiera l'amour que vous avez pour elle et son innocence. Mais, auparavant que d'en venir à cet extrême remède, faisons toutes choses pour résister à nos ennemis. Conservons la vie aussi longtemps que nous le pourrons sans honte, car enfin elle ne nous doit être indifférente tant que nous nous aimerons parfaitement. Il me semble, mon cher Antoine, que je vois dans vos yeux que mon discours n'a pas été inutile. Ils me disent que votre cœur se repent de m'avoir injustement soupçonnée, qu'il voit mon innocence aussi pure qu'elle est et que l'amour, qu'il a pour moi, est si forte qu'il ne laisse pas d'aimer encore la personne qui lui a arraché la victoire d'entre les mains.

Pour moi, mon cher Antoine, vous serez toujours ma plus forte et ma dernière passion. J'avoue bien que, dans un temps où je ne vous connaissais point, la gloire de Jules César avait touché mon cœur et que je ne pus m'empêcher d'aimer un homme qui, par toute la terre, passait pour le premier des mortels. Un homme, dis-je, que vous avez autrefois jugé digne de l'empire de tout le monde, puisque ce fut vous qui lui en rendîtes les premiers honneurs, en lui mettant un diadème sur la tête au milieu de Rome et que ce fut vous qui, après sa mort, fûtes cause qu'il fut mis au rang des Dieux, par la belle et forte Harangue que vous fîtes au peuple romain, qui chassâtes Brutus et Cassius, portâtes la flamme dans leur palais et signalâtes votre courage et votre amitié. Mais depuis que je vous ai vu, je puis vous assurer que vous avez régné, souverainement, en mon âme et que vous régnerez toujours. C'est un empire que la fortune ne vous a pas donné et qui, n'étant point de sa domination, sera toujours à vous malgré son injustice. Elle peut renverser tous les royaumes et tous les empires, mais elle ne changera jamais mon cœur, et tout ce qui a accoutumé de détruire les affections les plus fortes ne fera qu'affermir la mienne. Et pour vous témoigner que je sais aimer plus parfaitement que vous, en ne soupçonnant pas votre amitié d'aucune faiblesse. Oui, Antoine, je crois qu'encore que Cléopâtre soit la cause de tous vos malheurs, elle fera toujours toute votre félicité et que, sans vous repentir jamais de l'avoir aimée, elle régnera toujours en votre âme, comme vous régnez en la sienne.

Allons donc, mon cher Antoine, allons dans Alexandrie faire nos derniers efforts pour vaincre ceux qui nous ont vaincus. C'est là que nous trouverons, peut-être, encore de quoi repousser l'insolence de nos ennemis. Mais s'il arrive enfin, que le ciel ait résolu notre perte, que la fortune devienne constante à nous persécuter, que l'espérance nous soit absolument défendue, que tous vos amis vous abandonnent, que tous mes sujets me trahissent et se rangent du parti le plus fort, s'il arrive (dis-je) que toutes ces choses nous adviennent, nous trouverons toujours mon tombeau dans Alexandrie et, pour mériter de nos ennemis la grâce d'y laisser nos cendres ensemble, il faudra signaler notre mort en évitant la servitude et, de cette sorte, nous leur arracherons le plus noble fruit de leur victoire et vaincrons César même en mourant.

Effet de cette harangue

Ceux qui aiment se laissent aisément persuader des choses qui leur peuvent plaire, et la voix de ce beau monstre du Nil ne manqua pas d'attirer l'âme d'Antoine, au point qu'il la désirait. Il n'avait pas suivi Cléopâtre, pour l'abandonner après et sa colère, étant un effet de son amour aussi bien que l'avait été sa fuite, il ne lui fut pas plus difficile de s'apaiser que de fuir. Il crut donc tout ce qu'elle voulut lui dire, il se repentit d'avoir soupçonné sa fidélité et ne se repentit plus d'avoir perdu l'empire du monde, pour conserver Cléopâtre. Il la suivit dans Alexandrie où, quoiqu'elle fût plus généreuse cette seconde fois que la première, ils ne furent pas plus heureux. Et de toutes les choses qu'elle lui avait promises, Cléopâtre ne put donner à Antoine que la moitié de son tombeau.

SISYGAMBIS A ALEXANDRE

Quatrième harangue

Argument

Après la conquête des Indes, Alexandre le Grand épousa Statira, l'une des filles de Darius. Ce fut alors que Sisygambis, mère de cette Princesse, abandonna son âme à la joie et à l'inclination qu'elle avait pour cet invincible conquérant. Il lui souvint, en cette occasion, de tout ce qu'il avait fait pour elle : et comme son âme était généreuse, elle lui témoigna sa reconnaissance, à peu près de cette sorte.

Avoir des fers sans souffrir leur rigueur,
Baiser la main qui contraint de les prendre,
Perdre un empire et chérir son vainqueur,
C'est ce qu'on fait pour le Grand Alexandre.

Sisygambis à Alexandre

C'est véritablement en cette journée, ô invincible Alexandre, que je vous crois fils de Jupiter. Un homme ordinaire ne sait être capable de tant de vertu. Il s'est trouvé autrefois des vainqueurs et des conquérants, mais il ne s'est jamais trouvé personne que vous qui ait rendu le sort des vaincus égal à celui des victorieux ni qui ait partagé l'empire, qu'il avait conquit, avec les enfants de son ennemi. Enfin Alexandre, quand vous serez du sang des hommes et non pas de celui des Dieux, il est toujours certain que vous mériteriez de l'encens et des autels. Je laisse, à tous les illustres témoins de votre valeur, à publier les merveilleux exploits que vous avez faits, en vous rendant maître de tout le monde et je ne me propose de vous entretenir que de votre clémence et de votre bonté. Vous savez, généreux Alexandre, que si je voulais effleurer un trophée, à votre gloire, des dépouilles de vos ennemis, je trouverais des choses qui me feraient verser des larmes de douleur, en un jour où je n'en dois répandre que de joie.

Ce n'est pas que je ne sache bien que je ne verrai point le corps de mon fils, car je me souviens que vous eûtes la bonté de le couvrir de votre manteau royal et de l'arroser de vos larmes, lorsqu'arrivant au lieu où il venait d'expirer par la cruauté du traître Bessus, vous vîtes ce grand prince en un si déplorable état. Non, Alexandre, aux termes où sont les choses, je ne vous doit point regarder comme l'ancien ennemi de Darius, mais comme le vengeur de sa mort, comme le protecteur de sa mère et de sa femme, comme le mari de sa fille et comme le légitime héritier du trône du grand Cyrus.

En effet, vous savez quelles furent les dernières paroles de mon fils. Il témoigna la reconnaissance qu'il avait des obligations dont je vous étais redevable, il fit des vœux pour votre gloire, il assura qu'il mourait votre ami et votre serviteur et, sans employer le peu de moments qu'il avait à vivre, à déplorer son infortune, il souhaita que vous fussiez vainqueur de l'univers. Il espéra que vous vengeriez sa mort, que vous prendriez soin de perpétuer sa mémoire, et vous laissa même celui de récompenser Polistrate de ce peu d'eau qu'il lui avait donné, pour pouvoir prononcer plus distinctement les choses qu'il disait pour votre gloire. Ô mon cher Darius, vous étiez véritablement mon fils, en parlant ainsi d'Alexandre ! Et je rends grâces aux Dieux de ce qu'enfin vous avez pu reconnaître ce que nous devons à sa clémence et à sa bonté. C'est par ces deux vertus que je vous considère, aujourd'hui, ô invincible héros ! Toute la terre n'est remplie que du bruit de vos victoires, vous êtes le maître et le vainqueur de tous les hommes, il n'en est point qui ne sache jusqu'aux moindres de vos exploits, les jeux mêmes de votre enfance serviront de leçon à tous les rois qui vous suivront. On sait partout quelles ont été vos conquêtes, personne n'ignore combien la guerre, que vous fîtes en Grèce, vous fut glorieuse, les superbes ruines de Thèbes, que vous fîtes raser, sont des marques éternelles que vous avez été son vainqueur.

La bataille, que vous donnâtes au passage du Granique, témoigne également votre conduite et votre courage. On ne peut ignorer ce que vous fîtes en la journée d'Issus, non plus ce qui se passa au fameux siège de tir. La bataille d'Arbelle a eu des circonstances trop remarquables pour n'être pas sues de toute la terre. La conquête des Indes et la défaite de Porus, sur le bord de l'Hidaspe, sont des monuments éternels pour votre gloire. Car non seulement on sait que vous surmontâtes ce grand roi, mais on sait aussi qu'après avoir conquis son royaume, vous le lui rendîtes plus grand qu'il n'était auparavant et, de cette sorte, s'il est permis de parler ainsi, on peut non seulement vous nommer les vainqueurs de ce prince, mais le conquérant de Porus puisqu'il semble que vous n'ayez combatu que pour l'agrandir.

La ville des Oxidraques, où vous vous exposâtes si déterminé, est en vue à toute la terre. On la regarde comme le champ de bataille où votre grand cœur sembla également défier la mort et la fortune et où vous les surmontâtes toutes deux. Enfin Alexandre, on trouve partout des témoignages de votre valeur et de vos conquêtes. C'est pourquoi, sans vous en parler, je me contenterai de louer votre clémence et votre bonté. Mais que dis-je ? Ces deux vertus sont aussi généralement connues que votre courage car si, comme je l'ai déjà dit, vous êtes le maître et le vainqueur de tous les hommes, on peut dire aussi que vous êtes le bienfaiteur de tous les hommes. On dirait que les Dieux ont remis, entre vos mains, toutes les grâces qu'ils ont accoutumé de leur faire, qu'ils vous ont établi le distributeur des bienfaits et qu'ils vous ont donné la commission de rendre tout le monde heureux. Vous n'avez pas plutôt conquis un royaume que vous le donnez. Vos ennemis ne sont pas plutôt vos sujets qu'ils sont vos amis, et vous ne les avez pas plutôt vaincus que vous devenez leur protecteur. J'ai, en ma personne, un si illustre exemple de ce que je dis, que je n'en saurais douter sans crime. Car, ô invincible Alexandre ! j'en n'oublierai jamais les grâces que j'ai reçues de vous. Oui, je me souviendrai toujours de cette effroyable journée où mes filles et moi devînmes vos prisonnières. La crainte de la servitude avait rempli notre esprit de si funestes images que la mort nous paraissait le plus grand bonheur qui nous pûtes arriver.

Nous avions perdu la bataille avec le trône, nous croyions déjà avoir perdu Darius, et ce qui nous était le plus insupportable, nous pensions que nous allions être en nécessité, de mourir de nos propres mains, pour éviter l'insolence des vainqueurs. Mais hélas ! je ne connaissais pas encore Alexandre car, disais-je en moi-même, je suis mère du plus grand de ses ennemis, puisque Darius est le plus puissant de tous ceux qui lui ont résisté. Et jugeant de vous, par les autres, je vous craignais autant, en ce temps-là, que je vous aime en celui-ci.

Cette injuste crainte ne dura pourtant guère en mon esprit. Votre vue la dissipa bientôt, et je me souviens même que la première fois que j'eus l'honneur de vous voir, vous me pardonnâtes une faute. Car, comme je ne vous connaissais point et que le trouble où j'étais ne me laissait pas la liberté de bien raisonner sur les choses, vous savez que je pris le généreux Ephestion pour vous et que, sans vous en fâcher, vous me dîtes *que je ne me trompais pas, puisque celui-là était encore Alexandre.* Cette marque de modération, envers moi et d'amitié envers votre favori, commença de me donner de plus justes sentiments de vous et de remettre, en mon âme, l'espérance que la crainte en avait chassée. Et certes vous témoignez bien encore, aujourd'hui, qu'Ephestion vous est aussi cher que vous même, puisqu'ayant fait dessein d'épouser l'aînée de mes filles, vous donnez l'autre à ce second Alexandre. Depuis cela que n'avez vous point fait pour moi ! Vous m'avez non seulement traitée en Reine bien que je fusse captive, mais vous m'avez traité comme votre mère, et même vous m'avez fait la grâce de m'appeler toujours ainsi.

Toutes les fois qu'il m'est arrivé un nouveau sujet de douleur, vous avez eu la bonté de m'en consoler. Je vous ai vu pleurer vos propres victoires en ma considération, je vous ai vu regretter la perte de Darius, je vous ai vu prendre soin de ses funérailles et de son tombeau, je vous ai vu exposer votre vie pour venger sa mort, je vous ai vu punir le traître Bessus qui l'avait assassiné, je vous ai vu récompenser ceux qui lui avaient été fidèles et je vous vois même, aujourd'hui, remettre Darius sur le trône en y mettant sa fille et la mienne. Mais ce que j'ai vu encore de plus merveilleux en toutes les choses que vous avez faites pour Darius, c'est que j'ai vu autrefois cet Alexandre, vainqueur de tout l'univers, avoir assez de vertu pour ne se fier pas en la sienne et pour ne point s'exposer aux yeux de la femme de Darius, de peur d'être vaincu par sa beauté. Ah ! certes après cela, il faut avouer que tout ce que l'on peut dire de vous est beaucoup au dessous de ce que vous méritez. Vous avez, tout ensemble, la chasteté de mon sexe et la vertu de tous les héros qui vous ont devancé du temps seulement.

Il n'est point de bonnes qualités qui ne se trouvent en votre personne au suprême degré, et c'est en votre âme qu'on peut dire que les vertus se perfectionnent et qu'elles prennent un nouveau lustre. Ce qu'un autre devrait mériter n'est qu'un simple effet de votre courage, et l'excès de bien ne peut être vicieux en vous. Vous donnez avec profusion, et donnez pourtant sans prodigalité, parce que vous ne proportionnez pas seulement les présents que vous faites à ceux qui les reçoivent, mais à celui qui les fait. Et cela étant ainsi, les villes, les provinces entières, les millions d'or, les sceptres et les couronnes sont des choses qu'Alexandre peut donner sans être prodigue car, comme il a plus reçu de faveurs du Ciel qu'aucun autre, c'est aussi à lui à donner plus que tous les autres. Cette vérité vous est si connue et vous la pratiquez si parfaitement, qu'après avoir conquis tout le monde et l'avoir donné presque tout entier à diverses personnes, lorsqu'on vous a quelquefois demandé ce que vous réserviez pour vous, vous avez répondu : « L'espérance. » En vérité, je me suis étonnée souvent de voir que vous n'avez pas plutôt une chose en votre puissance que vous la mettez en celle d'autrui et que, cependant, vous ne laissez pas de donner toujours. Cette réflexion m'a fait croire qu'on pouvait dire qu'Alexandre était comme la mer qui n'a pas plutôt reçu, en son vaste sein, le tribut que lui porte toutes les fontaines, toutes les rivières et tous les fleuves, qu'elle les rend avec usure à quelqu'autre partie du monde. Ce qu'elle ôte aux Persans, elle le redonne aux Grecs. Les naufrages même, qu'elle fait faire, ne l'enrichissent point. Elle n'appauvrit personne que pour augmenter le bien de quelqu'un et, sans rien garder ni de ce qu'on lui donne, ni de ce qu'elle usurpe, elle roule toujours ses vagues d'un mouvement égal. Il en est de même des choses que vous recevez de la gratitude de vos sujets, des tributs qu'ils vous rendent ou des conquêtes que vous faites. Vous les recevez d'une main et les donnez de l'autre. Le butin, que vous prenez même sur vos ennemis, ne fait qu'enrichir vos soldats de sorte que, soit en la paix soit en la guerre, durant la tempête ou durant le calme, vous faites également du bien à tous, sans vous en faire à vous même. Il y a toutefois cette différence entre l'océan et vous, que tout ce qui part de la mer y retourne, et que tout ce qui part de vos mains n'y rentre jamais. Au reste, cela vous fera une chose

66

bien glorieuse de voir, dans votre histoire, des gens qui auront refusé ce que vous leur donniez parce que vous leur donniez trop, et de n'en trouver point qui se soient pleins que vous leur donniez trop peu. Votre libéralité est d'autant plus excellente qu'elle n'est pas aveugle. Vous faites du bien à tout le monde, mais vous n'en faîtes pas toujours sans choix. Tous les jours de votre vie ne sont pas de ceux où vous faites largesse au peuple où, sans distinction, vous jetez les trésors au milieu de la multitude, où les heureux seulement ont de l'avantage. Le disciple d'Aristote sait mieux user des richesses et sait mieux comme il faut pratiquer la libéralité. Oui, Alexandre, vous avez réconcilié la fortune avec la vertu. Nous voyons des philosophes, des poètes, des musiciens, des peintres et des sculpteurs dans l'abondance, et ne travailler seulement que pour votre gloire et pour la leur. Nous voyons (dis-je) des philosophes pratiquer la politique qu'ils enseignent, en gouvernant de grands royaumes, nous voyons des poètes porter, tout ensemble, une lyre d'or et un carquois d'ébène, chanter vos triomphes et commander des provinces. Nous voyons des musiciens, dont les luths sont d'ivoire, qui n'emploient leur voix que pour vous remercier et pour parler de leur félicité. Nous voyons des peintres aussi riches que l'étaient, autrefois, les princes souverains qui les faisaient travailler. Nous voyons des sculpteurs non seulement employer le marbre, le porphyre et l'albâtre en leurs statues, mais avoir eux-mêmes des palais où toutes ces choses se font voir. Enfin toutes les belles sciences et tous les beaux arts fleurissent sous votre règne. Aussi dirait-on que, comme les Dieux ont fait un miracle en vous, la nature aussi a voulu faire des chefs-d'œuvres pour l'amour de vous. Vous avez des Aristotes, des Philoxénes, des Xénophanes, des Apelles et des Lysippes qui, vous devant leur bonheur et leur gloire, travailleront aussi à la vôtre. Tous les siècles futurs, voyant les portraits que ces illustres laisseront de vous ou par leurs écrits, ou par leurs tableaux, ou par leurs statues, porteront sans doute envie à celui du Grand Alexandre. Tous les vertueux de ce temps-là souhaiteront d'avoir été de celui-ci. Vous serez le modèle des grands princes et la honte des mauvais, et tant qu'il y aura des hommes, on parlera de vous comme d'un Dieu. Certes je ne m'étonne plus, si notre grand Xerxès, avec toute sa puissance, ne put achever les desseins qu'il avait conçus car, puisque la Grèce vous devait produire, les Dieux avaient raison de vous réserver la conquête du monde.

Si Xerxès eut achevé ce qu'il avait entrepris, on l'aurait peut- être appelé le tyran et le fléau de l'univers. Mais pour vous, vous êtes le prince légitime de tous les peuples que vous avez conquis. Vous êtes envoyé du ciel pour la félicité du monde, et ce n'était pas sans sujet que l'oracle de Jupiter Hamnon, vous dit *que vous étiez son fils et que vous étiez invincible.* Non, Alexandre, on ne saurait vous surmonter ni en guerre ni en vertu, et après le dessein que vous avez fait aujourd'hui de remettre Darius sur le trône, en le partageant avec Statira sa fille. Il ne vous reste plus rien à faire, et il ne me reste plus rien à désirer que la continuation de votre gloire. Ce n'est pas que je craigne que l'on vous la puisse ravir, non, ce sentiment-là n'est point dans mon âme, mais je crains que l'injustice des hommes ne les rende indignes de vous avoir longtemps pour maître ou que les Dieux, jaloux de notre bonheur, ne vous rappellent auprès d'eux. Quoiqu'il en arrive, je vous assure, ô invincible Alexandre, de ne demeurer pas au monde après vous. J'ai pu survivre à Darius qui était mon fils mais, après toutes les obligations que je vous ai, je ne survivrais point à Alexandre. Je ne vous aurais pas dit un si triste sentiment en un jour de réjouissance, si je n'avais cru qu'il vous serait avantageux que l'on sût qu'il s'est trouvé une princesse, qu'il s'est (dis-je) trouvé une mère et, si je l'ose dire, une mère vertueuse qui, sans lâcheté et sans injustice, vous a plus aimé que son propre fils quoique vous ayez été son ennemi. Pardonnez-moi donc une pensée si funeste puisqu'elle vous est glorieuse, et croyez que si mes vœux sont exaucés, non seulement votre gloire sera immortelle mais votre personne la sera aussi.

Effet de cette harangue

Il faudrait peu connaître Alexandre, pour douter de l'effet de ce discours. Cette grande et généreuse âme redoubla encore ses bons offices, envers cette illustre princesse, et gagna tellement son cœur que lorsque, peu de temps après, la mort de cet invincible conquérant arriva dans Babylone, elle ne manqua pas de lui tenir ce qu'elle lui avait promis, car elle mourut de douleur. Et certes cette mort fut une glorieuse marque de la bonté d'Alexandre et quand un excellent orateur aura employé tout son art à lui faire un superbe éloge, qu'il aura (dis-je) exagéré magnifiquement toutes les grandes actions qu'il a faites, je croirai dire quelque chose de plus grand et de plus extraordinaire, quand je dirai seulement que Sisygambis souffrit la mort de Darius son Fils et qu'elle ne put souffrir celle du Grand Alexandre. Elle vécut après l'une, elle mourut après l'autre et la vertu, en fut plus forte que la nature. Ô le beau panégyrique ! Mais quoi ? C'était Alexandre.

SOPHONISBE A MASSINISSA

Cinquième harangue

Argument

Après que, part l'assistance des Romains, Massinissa eut reconquis le royaume de ses Pères et fait Syphax prisonnier, qui le lui avait usurpé, il fut assiégé et prit la ville de Syrtes où Sophonisbe, femme de ce roi captif s'était retirée. Les charmes de cette belle africaine firent une puissante impression en son cœur, et comme les Numides sont naturellement d'inclination amoureuse, il ne fut pas sitôt victorieux qu'il sentit qu'il était vaincu. Mais venant à faire réflexion sur l'humeur austère de Scipion, il ne douta point qu'il ne voulût mener en triomphe cette belle reine captive de sorte que, pour l'en empêcher, il l'épousât le même jour, ne croyant pas qu'après cela l'on voulut triompher de la femme d'un roi, allié du peuple romain. A peine ces noces précipitées furent faites que Scipion, en étant averti, envoya ordonner, par Lélius, à Massinissa de lui venir rendre compte de sa victoire. Mais Sophonisbe, qui avait une aversion naturelle pour les romains et plus encore pour la servitude, ayant vu quelque chose dans les yeux de Lélius qui la menaçait du triomphe, parla de cette sorte à Missinissa sur le point qu'il l'allait quitter.

> O quel présent à recevoir !
> O bon Dieu, quel présent à faire !
> Pour moi, je ne saurais savoir de qui la peine est plus amère,
> Ou d'elle qui prend le poison,
> Ou de lui qui l'envoie à celle qu'il révère,
> Et plus mon cœur les considère,
> Plus j'en doute avec raison.

Sophonisbe à Massinissa

Seigneur, je vois bien la procédure de Lélius que la fortune n'est pas encore lasse de me persécuter, qu'après avoir en une même journée perdu ma couronne, mon mari et ma liberté et que, par le caprice de cette inconstante, j'ai en ce même jour retrouvé ma liberté, un illustre mari et une couronne, je vois bien, dis-je, qu'après de si étranges événements, elle s'apprête encore à me faire perdre toutes ces choses.

Lélius, en me regardant, a sans doute jugé que j'étais assez bien faite, pour honorer le triomphe de Scipion et pour suivre son char. J'ai vu, dans ses yeux, l'image qu'il portait en l'âme et le dessein qu'il avait dans le cœur, mais il n'a peut-être pas découvert celui que j'ai dans le mien. Il ne sait pas que le désir de la liberté est de beaucoup plus puissant en moi que celui de la vie et que, pour conserver la première, je suis capable de perdre l'autre avec joie. Oui, je m'aperçois bien, mon cher Massinissa, que vous allez avoir de forts ennemis à combattre. L'austérité de l'humeur de Scipion, se joignant à l'austérité romaine, le portera sans doute à vous faire une aigre réprimande. Il trouvera étrange que le propre jour de la victoire et le propre jour que vous avez repris la couronne qui vous appartenait, vous ayez songé à des noces et choisi pour femme, non seulement celle de votre ennemi mais une captive, une carthaginoise, fille d'Asdrubal et ennemie de Rome. Souvenez-vous toutefois, Seigneur, que vous ne devez pas me regarder, en cette occasion, ni comme femme de Syphax, ni comme captive, ni comme Carthaginoise, ni comme fille d'Asdrubal, ni comme ennemie de Rome, bien que je fasse gloire de l'être, mais comme femme de l'illustre Massinissa. Souvenez-vous aussi que je n'ai consenti à recevoir cet honneur, qu'après que vous m'eûtes promis que je ne tomberais point sous le pouvoir des romains. Vous m'avez engagé votre parole, songez donc à n'y pas manquer.

je ne demande point que vous vous exposiez à perdre l'amitié du sénat pour me conserver, puisque votre malheur a fait que vous en ayez besoin. Mais je veux seulement que, suivant ce que vous m'avez juré, vous m'empêchiez de tomber vive sous le pouvoir de Scipion.

Je ne doute point que Syphax, en l'état qu'il est, ne dise à son vainqueur que c'est moi qui suis cause de son infortune, que c'est moi qui l'ai chargé de fers, que c'est moi qui l'ai fait ami de Carthage et ennemi de Rome. Oui, généreux Massinissa, j'avoue toutes ces choses, et si je pouvais vous dérober aux romains, je m'estimerais heureuse, et croirais que ma mort serait véritablement digne de la fille d'Asdrubal. Pardonnez-moi, mon cher Massinissa, si je vous parle avec tant de hardiesse, mais comme c'est, peut-être, la dernière fois que je vous verrai, je serai, bien aise de vous dire quels ont toujours été mes sentiments afin que, par la connaissance que vous aurez de l'aversion que j'ai toujours eue pour la servitude, vous vous portiez plus aisément à songer à ma liberté.

Aussitôt que j'eus ouvert les yeux à la lumière, la première chose que j'appris fut qu'il y avait un peuple qui, sans aucun droit que celui que le sort impose au faible, voulait se rendre maître de tous les autres, et tant que mon enfance dura, je n'entendis parler que des triomphes des romains, des rois qu'ils avaient enchaînés, des illustres captifs qu'ils avaient faits, de la misère de ces malheureux et de toutes les choses qui se font en ces funestes spectacles où l'orgueil des romains fait confisquer le plus noble fruit de leurs victoires.

71

Ces images s'imprimèrent si tôt dans ma fantaisie que rien ne les en a jamais pu chasser. Depuis cela, devenant plus raisonnable avec l'âge, j'ai encore eu plus d'aversion pour cette aigle romaine qui ne vit que des rapines qu'elle fait et qui ne vole sur la tête des rois que pour leur enlever leurs couronnes. On me dira, peut-être, que les romains donnent autant de royaumes qu'ils en usurpent et qu'ils font autant de rois qu'ils en attachent à leurs chars. Mais, mon cher Massinissa, si vous voulez bien considérer les choses, vous trouverez qu'ils ne donnent des sceptres que pour avoir de plus illustres esclaves, et que s'ils mettent des couronnes sur la tête de leurs vassaux, ce n'est que pour avoir le plaisir de les voir mettre à leurs pieds lorsque, par leurs ordres, ils vont leur en rendre hommage.

La vanité est l'âme de cette nation, c'est la seule chose qui la fait agir. Ce n'est que pour cela qu'elle fait des conquêtes, qu'elle usurpe des royaumes, qu'elle désole toute la terre et que, non contente d'être maîtresse absolue de cette grande partie de l'univers qui est de son continent, elle passe les mers pour venir troubler notre repos. Car si le seul désir d'agrandir ses limites et d'accroître ses richesses la portait à faire la guerre, elle se contenterait de renverser des trônes et de faire mourir ceux qui les possédaient légitimement. Mais comme le seul orgueil la fait agir, il faut qu'un simple bourgeois de Rome, pour sa gloire et pour le divertissement du peuple, traîne des rois enchaînés derrière son char de triomphe. O Dieux ! est-il possible qu'il se trouve des vainqueurs assez inhumains pour cela ! Est-il possible qu'il se trouve des rois vaincus assez lâches, pour endurer une si cruelle chose ? Oui, sans doute, et trop d'exemples de cette sorte ont fait connaître, que tous les princes ne sont pas généreux.

Cependant il est certain que des fers et des couronnes, des sceptres et des chaînes sont des choses que l'on ne devrait jamais voir ensemble. Un char traîné par des éléphants ne devrait point être suivi par des rois, et des rois attachés comme des criminels, à qui on ne laisse les marques de la royauté que pour marquer leur honte et la gloire de leur vainqueur. Mais quelle gloire peut avoir celui qui triomphe de cette sorte ? Car si ceux qu'il a vaincus sont des lâches, (comme il y a grande apparence puisqu'ils vivent), ce n'est pas un juste sujet de vanité que de les avoir surmonté. Que si ces infortunés ont témoigné du cœur en leur défaite, il y a beaucoup d'inhumanité à celui qui traite, de cette sorte, des princes qui n'ont fait autre chose que de défendre leur couronne, leurs pays, leurs femmes, leurs enfants, leurs sujets et leurs Dieux domestiques. Que si, pour la gloire de leurs vainqueurs et pour le plaisir du peuple, ils avaient voulu des triomphes, il leur eût été plus glorieux de faire porter les armes des ennemis, qu'ils avaient tués de leur main, que de se faire suivre par des rois qu'ils n'ont pas combattus. Des chars tout remplis d'armes rompues, de boucliers, de dards, de javelines et d'enseignes prises sur leurs adversaires seraient un spectacle moins funeste et plus agréable aux yeux du peuple.

Mais Dieux ! est-il possible que des rois soient destinés à une chose si infâme ? Que ce même peuple, à qui on donne pour divertissement des combats de gladiateurs et de bêtes sauvages, soit encore la cause de cette funeste cérémonie, et qu'il tire ses plaisirs de la honte et de l'infortune des rois ? Qu'il faille que ceux qui trouvent de la volupté à voir s'entre-tuer, par une brutalité horrible, quatre mille hommes en un même jour et qui trouvent leur félicité à voir s'entre-dévorer des tigres et des lions, est-il possible (dis-je) que ce soit pour ce même peuple, que l'on traîne des rois accablés de fers ? Pour moi, mon cher Massinissa, je trouve quelque chose de si étrange à cette sorte de triomphe que je doute qu'il soit plus honteux aux vaincus qu'aux victorieux et, dans mon for intérieur, je sais bien que je ne serai ni l'un ni l'autre.

Jugez donc, mon cher Massinissa, si une personne qui ne voudrait pas entrer à Rome dans un char de triomphe, suivi de cent rois enchaînés, pourrait se résoudre à suivre, avec des fers, celui de l'orgueilleux Scipion. Non, Sophonisbe a l'âme trop grande pour cela. Bien que je sois que carthaginoise, je n'en serais pas capable, bien que je ne sois que la fille d'Asdrubal, je ne m'y résoudrais jamais, bien que je ne sois que la femme de l'infortuné Syphax, c'est une faiblesse qui ne me viendrait point en l'âme et bien que je ne sois que l'esclave de l'illustre Massinissa, je ne suivrais pas un autre vainqueur. Mais étant, tout à la fois, Carthaginoise, fille d'Asdrubal, femme de Syphax et de Massinissa et reine de deux grands royaumes, que Scipion ne s'attende pas à triompher de Sophonisbe. Non, généreux Massinissa, quand bien même, les chaînes, que l'on me donnerait seraient de diamant, que tous mes fers brilleraient d'or et de pierreries et que l'on m'assurerait de me faire remonter sur le trône, aussitôt qu'on m'aurait détaché du char de triomphe, je choisirais la mort au préjudice de la royauté, et si ma main avait porté des fers, je ne la tiendrais plus digne de porter un sceptre.

Enfin j'ai une aversion si forte pour la servitude et pour l'esclavage, et mon âme est si délicate en cette matière, que si je pensais que Scipion dut faire porter mon portrait en triomphe, je vous prierais de faire périr tous les peintres de Numidie. Mais, non, je me repens de ce sentiment, car si l'insensible Scipion fait peut-être mon image en entrant à Rome, il publiera plutôt ma gloire que la sienne. On verra que j'aurai su mourir car je n'aurai pu vivre davantage avec honneur et que le courage d'une femme aura été encore plus grand que la vanité romaine. Je ne doute point, généreux Massinissa, si vous ne vous opposez pas fortement à la sévérité de Scipion, que vous ne soyez contraint de me donner la mort, pour vous acquitter de votre promesse car, outre l'intérêt public, il a encore le sien propre. Il se souvient que son père et son oncle sont autrefois morts en Afrique. Il me regarde comme une victime propre à apaiser leurs mânes, et joignant ensemble dans son cœur la gloire de Rome et sa vengeance, il n'est pas croyable que la fille d'Asdrubal obtienne sa liberté. Il me semble pourtant, généreux Massinissa, qu'il serait bien injuste, dans le même jour, que vous repreniez la couronne de Numidie et que l'on attache votre femme à un char de triomphe.

C'est, cela me semble, vous faire tout à la fois et roi et esclave, puisque s'il est vrai (comme vous me l'avez dit) que ma misère et mes larmes jointes au peu de beauté que j'ai, aient touché votre âme et vous aient forcé de m'aimer autant que vous-même, ce serait triompher de vous aussi bien que de moi. Songez bien, Massinissa, si vous pourriez être mon spectateur en cette journée et, si vous ne me croiriez pas indigne de l'honneur que vous m'avez fait de m'épouser, si je serais capable de vous faire cette honte. Mais ne craignez pas que je vous expose à une semblable douleur, si Scipion est inexorable, et que vous teniez la parole que vous m'avez donnée, ma mort justifiera le choix que vous avez fait. Néanmoins, auparavant que d'avoir recours à cet extrême remède, faites tout ce que vous pourrez pour toucher le cœur de cet insensible. Dites-lui que je ne me suis rendue qu'à vous, que de tant de butin que votre valeur a acquis au peuple romain, vous ne lui demandez qu'une seule esclave. Que si son injustice veut vous obliger à lui remettre entre les mains, comme si vous étiez le moindre soldat de ses légions, dites-lui alors que cette esclave est votre femme, qu'on ne peut triompher d'elle, sans triompher de vous, et que le sang que vous avez répandu pour le service de la république mérite qu'on vous accorde la permission de la laisser vivre en liberté. Représentez-lui que vous l'avez trouvée dans votre royaume, dans votre palais et dans votre trône, que c'est raisonnablement à vous qu'elle appartient et qu'on ne peut vous l'ôter sans injustice. Si de si puissantes raisons ne le touchent pas, priez-le avec tendresse mais enfin si vous ne le pouvez fléchir, souvenez-vous de votre parole et ne manquez pas de la tenir. Je vois bien dans vos yeux, mon cher Massinissa, que vous aurez peine à me faire un si funeste présent, je vois bien (dis-je) que vous aurez peine à envoyer du poison à la même personne à qui vous avez donné un diadème, votre cœur et la liberté. Je sais bien que c'est un rigoureux sentiment et qu'il vous sera bien dur de voir que les mêmes torches, qui ont éclairé mes noces, éclaireront mes funérailles et que cette même main, que vous m'avez donnée pour gage de votre foi, sera celle qui m'ouvrira le tombeau. Mais enfin toutes ces choses vous seront encore plus supportables, (si vous êtes généreux comme je le crois) que de me voir enchaînée. Ceux qui disent que la véritable générosité consiste à souffrir les funestes événements avec constance, et que quitter la vie pour éviter le malheur c'est, selon leurs sens, céder la victoire à la fortune, ces gens (dis-je) ne savent pas ce que c'est la véritable gloire des princes.

Ce sentiment est bon pour des philosophes et non pour des rois dont toutes les actions doivent être de grands exemples de courage. Que s'il m'est permis de quitter la vie (comme je n'en doute point), il faut sans doute que ce soit pour éviter la honte d'être menée en triomphe. C'est un grand malheur pour un roi que ses sujets se révoltent mais si, alors, il songeait à quitter la vie, je l'estimerais lâche parce qu'il peut encore les combattre et les châtier.

C'est une grande infortune pour un prince que d'avoir perdu une bataille mais on voit, assez souvent, que ceux qui sont vaincus aujourd'hui seront demain victorieux. Il faut se tenir ferme et ne pas s'abandonner au désespoir. Enfin tous les malheurs, qui peuvent avoir un remède honorable, ne doivent point nous porter à avoir recours au tombeau mais, lorsqu'après avoir perdu toutes choses, il ne reste plus rien à notre choix que des chaînes ou la mort, il faut rompre les liens qui nous attachent à la vie, pour éviter ceux de la servitude. Voilà, mon cher Massinissa, tout ce que j'avais à vous dire. Souvenez-vous-en, je vous en conjure, et n'écoutez pas tant ce que vous dira Scipion, que vous ne vous souveniez de votre promesse et du discours que je viens de faire. Il est (si je ne me trompe) si juste et si raisonnable que vous ne sauriez le désapprouver. Allez donc, mon cher et bien-aimé Massinissa, allez combattre pour ma liberté et pour votre gloire, contre l'insensible Scipion.

Demandez-lui, de grâce, si après n'avoir pas voulu regarder les belles prisonnières qu'il a faites dans ses nouvelles conquêtes, il voudrait voir, attachée à son char, une femme dont les regards ont pu vaincre Massinissa. Qu'il craigne que je ne fusse son vainqueur, en voulant être le mien et que du moins cette vertu austère, dont il fait profession, serve à l'empêcher de vouloir triompher de moi. Vous voyez bien, mon cher Massinissa, que mon âme n'est pas troublée et que je vous parle avec beaucoup de tranquillité. Aussi vous puis-je assurer que, dans l'état où je me trouve, je ne regrette rien que d'être contrainte de m'éloigner si tôt de vous.

C'est, sans doute, la seule chose qui peut encore toucher mon esprit. Car après avoir vu mon pays désolé, Syphax prisonnier, la couronne tomber de dessus ma tête, et ce qui est encore le pire, Sophonisbe prête d'être captive de Scipion, après (dis-je) toutes ces choses, le tombeau me serait un asile, un lieu de repos si j'y pouvais entrer sans vous abandonner.

Mais j'ai cette consolation, dans mon infortune, qu'ayant toujours eu une haine inconciliable pour la tyrannie romaine, j'ai du moins cet avantage de n'avoir été captive que d'un Numide et de ne l'avoir pas été d'un Romain. Et d'un Numide, en plus qui est, mon mari et mon libérateur et dont je n'ai pas plutôt été esclave que j'ai été maîtresse absolue de son âme.

Allez, donc, mon cher Massinissa, et ne manquez pas de tenir votre parole à l'infortunée Sophonisbe qui attendra, avec beaucoup d'impatience, la liberté ou le poison.

Effet de cette harangue

Cette belle et déplorable reine obtint ce qu'elle demandait, parce Massinissa n'obtint rien de Scipion. Il lui envoya la mort, ne pouvant lui conserver la liberté sans danger. Et ce lâche préféra son intérêt et l'amitié des Romains, à la vie de cette généreuse personne. J'aurais souffert qu'il l'eût perdue pour conserver sa gloire, s'il ne pouvait autrement. Mais que le galant homme ait vécu quatre-vingts ans après sa perte et toujours ami des Romains, c'est ce qui m'a mis en colère contre lui, toutes les fois que j'ai eu cet événement dans l'histoire. Et c'est encore ce qui me fait taire ici parce que si j'écrivais davantage, je lui dirais des injures. Plains Sophonisbe avec moi, mon cher lecteur, et puis que je tâche de te divertir, ayez au moins la complaisance de ne pas approuver l'action de l'insensible et trop sage Massinissa.

ZÉONIBE A SES FILLES

Sixième harangue

Argument

Cette harangue et celle qui la précède font bien voir que toutes les choses ont deux faces, et que par des chemins différents l'on arrive à même la fin, je veux dire à la vertu. Sophonisbe veut mourir, la vaillante Zénobie veut vivre. Toutes deux veulent vivre et mourir par des sentiments généreux. L'une retarde la liberté comme le souverain bien, l'autre croit que le souverain bien n'est qu'en la souveraine sagesse. L'une ne peut seulement souffrir l'idée d'un char, parce qu'elle le croit honteux à ceux qui le suivent l'autre suit ce char presque sans douleur, parce qu'elle ne croit rien d'honteux que le crime.

L'une regarde le triomphe d'un vainqueur, avec désespoir, comme sa suprême disgrâce, l'autre le considère avec mépris, comme un caprice de la fortune. L'une meurt et l'autre vit, l'une cherche la gloire où l'autre croit l'infamie mais néanmoins, comme je l'ai dit , l'une et l'autre ont la vertu pour objet, tant il est vrai que toutes les choses ont des visages divers, selon le biais dont on les regarde. Vous avez entendu les raisons de l'une, entendez encore celles de l'autre, et jugez de toutes les deux.

> *Suivre un char, sans faiblesse, avec une couronne,*
> *Voir un sceptre et des fers, sans en mourir d'ennui,*
> *Enseigner la constance à celui qui les donne,*
> *C'est vaincre la fortune et triompher de lui.*

Zénobie à ses filles

Il y a déjà longtemps, chères et infortunées princesses, que je vois couler vos larmes inutilement. C'est en vain que ma constance vous a fait connaître que les grandes âmes peuvent supporter les grandes douleurs sans désespoir. L'image du trône, que vous avez perdu et du char que vous avez suivi, revenant toujours en votre mémoire, fait que mon exemple ne vous sert à rien et que tous les jours de votre vie vous redonnent une nouvelle affliction.

Vous portez encore dans le cœur les fers que vous aviez aux mains, le funeste jour que vous entrâtes à Rome et, sans rien perdre de ce noble orgueil que l'illustre naissance inspire à ceux qui naissent avec cet avantage, Aurélien triomphe encore de vous, toutes les fois que vous vous souvenez de son triomphe. Je suis bien mariée, ô mes filles, qu'après vous avoir rendu les campagnes de mes disgrâces, je ne puisse vous donner la constance nécessaire pour les supporter. C'est pourtant le seul héritage que je puis vous laisser en mourant, et je souhaite, de toute mon affection, que cette vertu puisse passer de mon cœur dans le votre afin que, ne pouvant vivre en reines, vous puissiez du moins régner sur vous-mêmes. Si quelqu'un pouvait, avec raison, se désespérer pour un excès de malheur, il est certain que Zénobie aurait dû le faire car, comme elle a eu plus de gloire que personne de son sexe n'en ait jamais pu obtenir, son infortune aussi a été la plus déplorable dont on ait jamais entendu parler. Vous savez que de mon côté, vous pouvez conter entre vos aïeuls les Ptolémées, rois d'Egypte, et qu'enfin je suis issue de l'illustre sang de Cléopâtre. Mais hélas ! on dirait que ce char de triomphe, qu'Auguste lui destinait, a passé jusqu' à moi par droit de succession et que je n'ai fait que suivre celui qui lui était préparé. La fortune m'a pourtant traitée avec plus d'inhumanité car, comme vous ne le pouvez ignorer, j'ai suivi un char que je croyais mener et que j'avais fait faire, avec dessein de triompher de celui qui a triomphé de moi.

Vous savez encore que le commencement de ma vie, n'a été rempli que de félicité. Le vaillant Odenath votre père et mon cher seigneur, après m'avoir donné la couronne de Palmyre, voulut encore que je partageasse avec lui la gloire de ses conquêtes, et je puis dire, sans orgueil et sans faire tort à ce grand homme, que s'il avait donné à Zénobie la couronne qu'elle portait, elle aussi avait de sa main ajouté quelques feuilles de laurier, à celle que la victoire lui avait mise sur sur la tête. Oui, mes filles, je puis dire sans offenser la mémoire d'Odenath que nous conquîmes ensemble tout l'Orient et que, poussez d'un juste sentiment, nous entreprîmes de venger, sur les Perses, les indignités que l'on faisait souffrir à l'empereur Valérien que Châhpur tenait prisonnier, pendant que l'infâme Gallien, son fils, s'abandonnait à toutes sortes de délices. Odenath pourtant ne cessa pas de lui envoyer tous les prisonniers que nous fîmes en cette guerre. Nous prîmes les meilleures places de la Mésopotamie, Carres et Nisibis se rendirent à mon cher seigneur et, poursuivant la victoire, nous vainquîmes près de Ctésiphon une multitude innombrable de Perses.

Nous fîmes plusieurs Satrapes prisonniers, leur roi même prit la fuite. Et demeurant presque toujours victorieux, en toutes les rencontres où nous nous trouvâmes, la renommée fit tant de bruit sur la valeur d'Odenath qu'enfin Gallien s'en éveilla. Alors poussé par la crainte, plutôt que par la reconnaissance, il le fit son collègue à l'empire. Et pour l'honorer encore davantage, il fit faire aussi, comme vous l'avez su, des médailles où mon cher Odenath traînait les Perses captifs. Jusque-là je n'ai eu que de la félicité, la victoire et la fortune m'ont également favorisée. Mais hélas ! le pourrais-je dire?, Mon cher Odenath, ayant été assassiné avec l'aîné de mes enfants, je passai d'une extrémité à l'autre et je fus aussi infortunée que j'avais été heureuse.

Ce fut là mes filles que j'eus besoin de toute ma vertu pour supporter ce malheur et la perte d'Odenath est sans doute ce qui m'a rendu moins rude la perte de ma liberté. J'eus plus de peine à suivre mon cher seigneur jusqu' au tombeau que je n'en ai eu à suivre le char d'Aurélien. Et sa pompe funèbre me fit bien plus verser de larmes que ne m'a fait la magnificence du triomphe. Mais quoique ma douleur fût excessive, je ne pleurai pourtant pas longtemps. Je songeai à conserver l'empire à mes enfants et à laver le sang qu'il avait répandu, avec le sang de ses ennemis.

Et comme on pouvait dire que la valeur avait été l'âme de ce grand homme, je passai toute ma vie à cueillir des palmes pour mettre sur son tombeau, afin de pouvoir dire un jour que, de ma seule main, j'aurai vengé sa mort, conservé l'empire à ses enfants et élevé un trophée à sa gloire. Je crus (dis-je) qu'il valait mieux pendre, sur son cercueil, les dépouilles des ennemis que je surmonterais que de mouiller ses cendres avec mes pleurs et, en cette résolution, je pris les armes d'une main et de l'autre les rênes de l'empire. J'ai toujours crû, mes filles, que toutes les vertus ne pouvaient être incompatibles, qu'il n'était pas impossible qu'une même personne les possédât toute, que celles des hommes pouvaient être pratiquées par des femmes, que la véritable vertu n'avait point de sexe affecté, qu'on pouvait être chaste et vaillante tout ensemble, témoigner de la grandeur de courage en une occasion et de l'humilité en l'autre, être sévère et clémente en diverses rencontres, pouvoir commander et obéir et savoir porter des fers et une couronne avec un même visage.

C'est par ce sentiment (mes filles) que j'ai fait des choses si différentes en apparence, quoique j'aie toujours été la même que je suis aujourd'hui. Mais pour vous repasser toute ma vie, vous savez que la mort, qui me ravit mon cher Odenath, ne me ravit pas le bonheur de ses armes. Au contraire, il me sembla que sa valeur se joignit à la mienne, je vainquis l'armée que Gallien avait envoyée contre moi, sous la conduite d'Héraclian, et non contente de cette première victoire, je passais en Egypte et me rendis maitresse absolue du royaume de mes prédécesseurs.

De là je fus jusqu'à Ancyre, ville principale de la Galatie, je portai même mes armes dans toute la Bithynie, jusqu'à la Calcédoine, et au-dessous du Bosphore. Et après avoir vaincu les Perses, en diverses rencontres, et répandu le bruit de mes victoires dans tout l'univers, Aurélien, conduit par la fortune et plus capable de se servir d'une épée que ne l'avait été Gallien, vint en fin en personne en arrêter le cours. Je vous repasserais mes infortunes exactement comme je l'ai fait ma félicité, si je ne savais pas que vous vous en souvenez que trop. Et je n'aurais pas entrepris de vous redire mes victoires, si votre extrême mélancolie ne m'avait fait penser que votre imagination, ne recevant plus que de funestes images, les

81

aurait oubliées. Vous n'ignorez donc pas par quel chemin Aurélien m'a conduite à Rome. Vous vous souvenez, sans doute, comme la perfidie d'Héraclamon lui fit prendre la ville de Thiane, comme malgré ma conduite et ma valeur, l'artifice d'Aurélien lui fit gagner la bataille devant Antioche, comme l'industrie de Zabas mit ma personne en sûreté, comme je me retirai dans Emèse, comme je ralliai mes troupes, comme, une seconde fois, je présentai la bataille à Aurélien qui, après l'avoir pensé perdue, la gagna finalement malgré tous mes efforts.

Vous savez encore, que j'abandonnai Emèse et que je me retirai dans Palmyre, en attendant le secours que les Perses, les Sarrasins et les Arméniens m'avaient promis. Vous savez (dis-je) qu'Aurélien vint m'assiéger, avec cette puissante armée qu'il avait alors composée de Pannoniens, de Dalmates, de Mœsiens, de Celtes, d'une quantité de Maures et grand nombre d'autres troupes venues de l'Asie, de Thiane, de la Mésopotamie, de la Syrie, de la Phénicie et de la Palestine. Vous savez (dis-je) que je vis, en ce temps-là, un aussi puissant appareil de guerre contre moi qu'il en aurait fallu, pour conquérir toute la terre. Néanmoins, je ne perdis pas le cœur, en cette occasion, vous savez que je défendis les murailles de Palmyre avec autant de courage que de conduite, qu'Aurélien même y fut dangereusement blessé par un coup de flèche qui, peut être, lui fut tiré de ma main car les Dieux savent combien j'ai épargné ma vie, pour conserver votre liberté.

Du reste j'ai su, depuis que je suis à Rome, que la postérité saura que je n'ai pas abandonné le trône qui vous appartenait, sans le défendre. Aurélien ayant écrit de sa main à Mucapor, son ami, *qu'il était vrai qu'il faisait la guerre à une femme, mais une femme qui avait plus d'archers à sa solde que si c'eut été un homme. A une femme qui avait de la prudence dans le péril et qui, par sa prévoyance, avait fait un si puissant appareil de guerre pour s'opposer à ses conquêtes, qu'il était impossible de s'imaginer le nombre prodigieux de dards et de pierres dont elle avait fait provision. Enfin* (disait-il, en parlant toujours de moi), *il n'y a pas un seul endroit des murailles de Palmyre qui ne soit défendu par plusieurs machines. Les siens lancent à toute heure des feux d'artifice sur les nôtres, et en peu de parole, elle craint comme une femme et combat aussi comme une personne qui craint.*

Voilà, mes filles, ce que mon ennemi a dit de moi et, certes, il n'avait pourtant pas raison de dire que je craignais, puisque lorsqu'il envoya m'offrir la vie et le pardon (car sa lettre était conçue en ces termes) à condition que je rendisse la place et que je remisse entre ses mains, toutes mes pierreries et tous mes trésors, je lui répondis, avec tant de fermeté, qu'Aurélien s'en offensa.

Il me souvint qu'entre les autres choses que je lui disais, je lui mandais que jamais personne, avant lui, ne m'avait demandé ce qu'il désirait de moi : « *Souviens-toi* (lui disais-je) *que la vertu doit aussi bien conduire les choses de la guerre que celles de la paix. Du reste, je t'apprends que le secours des Perses, que nous attendons, ne nous manquera point. Nous avons dans notre parti les Arméniens et les Sarrasins, et puisque les voleurs de Syrie, Aurélien, ont vaincu ton armée, que sera-ce quand nous aurons les forces que nous attendons de toutes parts ? Alors certes tu rabattras quelque chose de ce grand orgueil avec lequel, comme si tu étais pleinement victorieux, tu me commandes de me rendre.* » Vous voyez, mes filles, que pendant que vous étiez aux temples à prier les Dieux, je faisais toutes les choses possibles pour vous conserver et pour ne rien faire contre ma gloire.

Vous savez, ensuite, comment Aurélien vainquit les Perses qui venaient à notre secours et que, voyant qu'il était absolument impossible de sauver cette place, je voulus du moins mettre ma personne en sûreté mais le destin, qui avait résolu ma perte, fit finalement qu'Aurélien fut mon vainqueur et que je fus sa prisonnière. Aussitôt qu'il me vit, il me demanda *d'où venait l'audace que j'avais eue de m'attaquer aux empereurs romains et de mépriser leurs forces.* « *Aurélien* (lui dis-je) *je te reconnais pour légitime empereur parce que tu sais comment il faut vaincre, mais pour Gallien et ses semblables, je ne les ai jamais tenus pour tels.* » Jusqu'ici, mes filles, vous ne pouvez pas m'accuser d'avoir manqué de cœur. J'ai autrefois porté une couronne sans orgueil, j'ai eu la main assez ferme pour tenir tout à la fois, et un sceptre et une épée. J'ai su également et l'art de régner et l'art de combattre. J'ai su vaincre, et qui plus est, j'ai su bien user de la victoire.

J'ai reçu la bonne fortune avec modération et dans les temps. Même quand ma jeunesse et la faiblesse de mon sexe me pouvaient faire prendre quelque vanité du peu de beauté qui paraissait en moi, j'ai entendu, sans plaisir, tous les flatteurs de la cour me peindre dans leurs vers avec des lys et des roses, dire que mes dents étaient des perles orientales, que mes yeux, tout noirs qu'ils étaient, paraissaient plus clairs que le soleil, et que Vénus finalement, n'était pas plus belle que moi.

Je vous ai dit toutes ces choses, mes filles, et je me suis étendue bien plus que je ne le devrais, pour vous faire comprendre que, dans toutes les actions de ma vie, je n'ai jamais eu aucune faiblesse. Ne pensez donc pas que, parmi la plus importante de toutes celles que j'ai faites et pour laquelle il fallait le plus de cœur, j'ai manqué d'en avoir comme j'en ai eu pour toutes les autres. Non, mes filles, je n'ai rien fait en toute ma vie qui me donne une plus grande satisfaction de moi-même que d'avoir pu suivre un char de triomphe avec constance. C'est véritablement en ces occasions qu'il faut avoir l'âme grande, et qu'on ne me dise point que, dans ces moments, le désespoir est une vertu et la constance une faiblesse.

Non, le vice ne saurait jamais être vertu et la vertu aussi ne saurait jamais être vicieuse. Qu'on ne me dise point, encore, que cette sorte de constance est plus propre à des philosophes qu'à des rois. Et sachez, mes filles, qu'il n'y a nulle différence entre des philosophes et des rois, sinon que les uns enseignent la véritable sagesse et que les autres la doivent pratiquer. Enfin, comme les souverains doivent l'exemple à leurs sujets et qu'ils sont en vue à toute la terre, il n'est point de vertu qu'ils ne doivent suivre. Entre toutes celles qui sont néanmoins les plus nécessaires aux princes, la constance est la plus illustre puisqu'elle est la plus difficile. Car ce désespoir, qui met le poignard à la main de ceux qui veulent éviter la servitude, est plutôt une faiblesse qu'une vertu. Ils ne peuvent regarder la fortune quand elle est irritée. Elle ne veut pas tant les attaquer qu'ils évitent de la combattre. Elle ne veut pas tant les détruire qu'ils aident eux-mêmes à son dessein. Par une faiblesse indigne d'eux, ils quittent la victoire à cette volage et, par une action précipitée, sans savoir bien souvent ce qu'ils font, ils quittent leurs fers en quittant la vie dont ils n'ont aimé que les douceurs, sans en pouvoir souffrir les amertumes. Pour moi, mes filles, qui suis dans d'autres sentiments, je pense que qui a vécu avec gloire doit mourir le plus tard qu'il lui est possible et, qu'à raisonnablement parlé, la mort précipitée est plutôt une marque de remords, de repentir et de faiblesse que de grandeur de courage.

Quelqu'un me dira, peut-être, que je suis d'un sang à ne devoir jamais porter de fers, que Cléopâtre n'ayant pas voulu suivre le char d'Auguste, je ne devais jamais suivre celui d'Aurélien. Mais il y a cette différence, entre cette grande reine et moi, que toute sa gloire consiste en sa mort et que je fais consister la mienne en ma vie. Sa réputation ne lui eût pas été avantageuse, si elle ne fut morte de sa main, et la mienne ne serait pas au point où elle est, si je m'étais privée de la gloire de savoir porter des fers, avec autant de grandeur de courage que si j'eusse triomphé d'Aurélien, comme il a triomphé de moi. Si Cléopâtre eut suivi le char d'Auguste, elle aurait vu cent objets fâcheux, en traversant Rome, qui lui eussent reproché ses imprudences passées. Le peuple lui aurait sans doute fait entendre, par des murmures, une partie des manquements de sa conduite, mais quant à moi, j'étais bien certaine de ne voir autour du char que je suivais, que des hommes que j'avais vaincus autrefois et des témoins de ma valeur et de ma vertu. J'étais (dis-je) assurée de n'avoir rien de fâcheux et de n'entendre parler que de mon malheur présent et de mes victoires passées. Voilà, disait ce peuple, la vaillante Zénobie, voilà cette femme qui a remporté tant de victoires. Admirez sa constance en cette rencontre, ne dirait-on pas que ces chaînes de diamants qu'elle porte la parent plutôt qu'ils ne l'attachent et qu'elle mène le char qu'elle suit ? Enfin, mes filles, pendant que j'étais toute chargée de fers, ou pour les mieux nommer de chaînes d'or et de pierreries comme une illustre esclave, pendant toute la magnificence de ce triomphe qui est, sans doute, le plus fâcheux jour de la servitude, j'étais libre dans mon cœur et j'eus l'âme assez tranquille pour voir, avec plaisir, que ma constance arracha des larmes à quelques-uns de mes ennemis.

, Oui, mes filles, la vertu a de si puissants charmes que l'austérité romaine n'y put résister, et je vis quelques-uns d'entre eux pleurer la victoire d'Aurélien et mon infortune. Du reste, il ne faut pas avoir la faiblesse de laisser ébranler son âme, par des choses qui ne le touchent point du tout, quand on est parfaitement sage. Tout ce puissant appareil, que l'on fait pour les triomphes, ne doit point donner d'effroi à un esprit raisonnable, tous ces chariots d'or, ces chaînes de diamants, ces trophées d'armes, et cette multitude de peuple qui s'amasse pour voir cette funeste cérémonie, ne doivent point faire de peur à une personne généreuse.

Il est vrai que mes chaînes étaient pesantes mais, quand elles ne blessent point l'esprit, elles n'incommodent guère les bras qui les, portent, et pour moi, en ce déplorable état, je pensai plus d'une fois que, comme la fortune avait fait que je suivais un char que j'avais moi-même fait faire pour triompher, par la même révolution qui arrive à toutes les choses du monde, il se pourrait qu'un jour vous feriez des sceptres, des mêmes chaînes que je portais. Mais, enfin, si cela n'arriverait pas, ne vous en affligiez que modérément, ayez plus de soin de vous rendre dignes du trône que d'y remonter, car de l'humeur dont je suis, je fais plus de cas d'un simple esclave quand il est fidèle que du plus puissant roi du monde, quand il n'est pas généreux. Songez donc, mes filles, à supporter votre servitude avec plus de constance, et croyez certainement que si j'ai été vaincue d'Aurélien, la mienne a surmonté la fortune. Il a assez paru, dans toute la suite de ma vie, que la mort ne m'épouvantait point, quand elle pouvait m'être glorieuse, je l'ai vue cent fois, sous un visage plus terrible que tous les désespérés ne l'eurent jamais vue. Le poignard de Caton, l'épée de Brutus, les charbons ardents de Porcie, le poison de Mithridate ni l'aspic de Cléopâtre n'ont rien de si effroyable. J'ai vu une grêle de dards et de flèches tomber sur ma tête, j'ai vu cent javelines, les pointes tournées contre mon cœur, et cela sans m'épouvanter. Ne pensez donc pas, que j'eusse cru que la mort m'eût pu être glorieuse que je ne l'eusse trouvée en ma propre main.

Elle était accoutumée à vaincre les autres. Elle aurait rompu mes fers si je l'eusse voulu, mais j'ai cru que j'aurais plus de gloire à les porter, sans répandre des larmes, qu'à verser mon sang par faiblesse ou par désespoir. Ceux qui font consisté leur satisfaction, en eux-mêmes, quittent le trône avec moins de regret que les autres qui, ne rencontrant rien en leur âme qui les contente, sont contraints de trouver leur félicité, dans les choses qui leur sont étrangères. Vous me demanderez, peut-être, ce qui reste à faire à des princesses qui ont perdu l'empire et la liberté ? Je vous répondrai avec raison que, puisque les Dieux ont voulu donner une si noble matière à votre courage, vous êtes obligées d'en bien user et de faire connaître à toute la terre, par votre patience et votre vertu, que vous étiez dignes du sceptre qu'on vous a ôté, et que les fers qu'on vous a donné sont indignes de vous. Voilà, mes filles, ce qui vous reste à faire, et si vous pouviez être touchées par mon exemple et mes raisons, vous trouveriez que la vie vous pourra être encore douce et glorieuse. Vous avez du moins cet avantage, qu'en l'état qu'est votre fortune, elle ne saurait devenir plus mauvaise qu'elle est, de sorte que si vous pouviez une fois vous y accoutumer, rien ne pourrait plus, après cela, troubler votre repos.

Souvenez-vous que de tant de millions d'hommes qui sont au monde, il n'y en a pas cent qui portent des couronnes. Et croyez-vous, mes filles, que tous ces hommes soient malheureux et que, hors du trône, il n'y puisse avoir nulle douceur ? Si la chose est ainsi, ô que vous êtes abusées ! Il n'est point de condition en la vie qui n'ait ses peines et ses plaisirs, et la véritable sagesse est de savoir également bien user de toutes, si la fortune vous les fait éprouver. Ceux qui se font mourir eux-mêmes ne savent pas que, tant que l'on est vivant, l'on est en état d'acquérir de la gloire. Il n'est point de tyran qui puisse m'empêcher d'immortaliser, tous les jours, mon nom pourvu qu'il me laisse vivre et que je sois vertueuse, et mon silence même, s'il me faisait souffrir quelque supplice que j'endurasse constamment, ne laisserait pas de parler pour moi. Vivons donc, mes filles, puisque nous le pouvons faire avec honneur et qu'il nous reste encore des moyens pour témoigner notre vertu. Le sceptre, le trône et l'empire, que nous avons perdus, ne nous ont été donnés que par la fortune mais, pour la constance, elle vient directement des Dieux. C'est de leurs mains que je l'ai reçue, et c'est pour cela que vous devez l'imiter, elle est la véritable marque des héros, comme le désespoir l'est des faibles ou des inconsidérés. Ne vous mettez donc point en peine, de ce que la postérité dira de moi et ne craignez pas que le jour du triomphe d'Aurélien ait terni toutes mes victoires puisque, comme je vous l'ai dit, c'est le plus glorieux de ma vie. Et puis j'ai su qu'Aurélien a fait un portrait, en parlant au sénat qui me fera connaître à nos neveux. Conservez-le, mes filles, afin que, quand je ne serai plus, le souvenir de ce que j'ai été vous oblige à être toujours ce que vous devez être. Voici les couleurs dont Aurélien s'est servi pour ce tableau. J'ai appri, a-t-il dit, qu'on me reproche que j'ai fait une chose peu digne d'un grand courage, en triomphant de Zénobie, mais ceux qui me blâment ne sauraient qu'elle louange me donner, s'ils savaient quelle était cette femme. Combien elle était avisée en ses conseils, combien elle se montrait courageuse et constante en l'ordre grave, à l'endroit des gens de guerre. Combien elle était libérale, quand ses affaires l'y obligeaient et combien elle était sévère et exacte, quand la nécessité l'y contraignait. Je puis dire que ç'a été, grâce à elle, qu'Odenath a vaincu les Perses et poursuivi le roi Châhpuhr jusqu'à Ctésiphon. Je puis assurer que cette femme avait tellement rempli l'Orient et l'Egypte, de la terreur de ses armes, que ni les Arabes, ni les Sarrasins, ni les Arméniens n'osaient remuer. Que ceux donc à qui ces choses ne plaisent pas se taisent, car s'il n'y a point d'honneur d'avoir vaincu et d'avoir triomphé d'une femme, que diront-ils de Gallien, au mépris duquel elle a su maintenir son empire ? Que diront-ils de Claudius, prince saint et vénérable, qui étant occupé aux guerres des Goths, par une louable prudence, a enduré qu'elle régnât afin que, cette princesse occupant ailleurs ses armes, il pût plus aisement achever ses autres entreprises ?

Ayez la même équité, je vous en conjure, et croyez que quiconque a vécu de cette sorte n'a que faire de se donner la mort, pour immortaliser son nom.

Effet de cette harangue

Cette harangue fit voir que l'orateur persuadé persuade aisément les autres. Ces princesses vécurent comme leur mère n'avait pas voulu mourir, et les jardins qu'Aurélien leur avait donnés pour leur demeure, et que l'on appelle aujourd'hui Tivoli, leur semblèrent plus beaux que le cerceuil. L'Histoire marque que cette généreuse reine fut toujours fort estimée de toutes les dames de Rome, et que ses filles furent mariées dans les plus illustres familles. C'était peu pour leur naissance mais c'était beaucoup pour leur infortune, puis que ce même peuple avait cru qu'Antoine et Titus s'étaient mariés indignement, quoiqu'ils eussent épousé des reines . Ce sentiment était superbe mais c'était celui des maîtres du monde, et qui dit cela, dit tout.

PORCIE A VOLUMNIUS

Septième harangue

Argument

Après que Brutus et Cassius eurent été défaits et qu'ils furent tués, Porcie, femme du premier et fille de Caton d'Utique, témoigna par ses discours et par ses actions qu'elle voulait suivre la fortune de son mari, et qu'elle ne voulait plus vivre. Ses parents qui voulaient l'empêcher de mourir, après lui avoir ôté tout ce qui pouvait servir à ce funeste dessein, lui envoyèrent le philosophe Volumnius qui avait été intime ami de Brutus, pour tâcher de la persuader, par la raison, qu'elle ne devait pas s'abandonner au désespoir. Mais cette généreuse femme, après l'avoir écouté avec beaucoup d'impatience, lui répondit de cette sorte.

Ô quel rang tiennent tes vertus,
Généreuse Porcie, entre les grandes âmes ?
Ô fille de Caton et femme de Brutus,
Quelles doivent être tes flammes,
Puis qu'enfin, pour finir tes tristes accidents,
Tu meurs par des charbons ardents ?

Porcie à Volumnius

C'est en vain, ô sage Volumnius, que mes parents vous ont choisi pour me persuader de vivre, après la perte que j'ai eue. Ce n'est pas croyable que ce même philosophe, qui mit l'épée à la main de l'illustre Caton, mon père et qui l'a mise en celle de mon cher Brutus, puisse me faire croire une chose juste et possible. Non, Volumnius, dans l'état où je suis réduite, je ne peux et ne dois plus vivre, cette philosophie que vous employez contre moi ne m'est pas tout à fait inconnue, et que le vertueux Caton, mon père, me l'a fait apprendre avec assez de soin. Ne croyez donc pas que ma résolution soit l'effet d'un esprit aveuglé de sa propre douleur et d'un désespoir sans raison.

Il y a longtemps que je médite là-dessus et que, dans l'incertitude des choses, j'ai formé le dessein que j'exécuterai aujourd'hui. Toute autre que moi pourrait, peut-être satisfaire aux cendres de son mari, en répandant des larmes le reste de ses jours mais la fille de Caton, et la femme de Brutus, doit agir autrement.

Aussi suis-je bien assurée que Porcie a l'âme trop grande, pour mener une vie indigne de sa naissance. Et l'honneur qu'elle a d'avoir eu, pour père et pour mari, les deux plus illustres d'entre les anciens Romains, car pour ceux qui vivent, aujourd'hui, ils sont les descendants des esclaves de Jules César ou, pour mieux mieux dire encore, ils sont des tigres enragés qui déchirent le sein de leur mère, en désolant leur patrie. Hélas ! qui eût jamais pu croire que le peuple romain fut devenu l'ennemi de sa propre liberté ? Qu'il eût lui-même non seulement forgé les chaînes qui le captivent, mais aussi élevé, sur le trône, celui qui avait fait mourir tant de millions d'hommes pour y arriver, mais qu'il eût encore été capable de pleurer la mort du tyran, de le hisser au rang des Dieux et de poursuivre, comme un criminel, un homme qui pour lui redonner la liberté hasardait sa vie et méprisait même l'amitié de César ? Car que n'eût-il point obtenu lui, s'il avait pu se soumettre à la servitude ? Ses fers auraient sans doute été plus légers que ceux des autres et, pour peu de soin qu'il y eût apporté, il aurait été maître de celui qui l'était de tout le monde.

Mais Brutus était trop généreux pour établir sa félicité propre, sur la ruine du public. Il savait que le premier devoir emporte ou doit emporter sur tous les autres, que devant toutes choses à son pays, il ne devait rien à César, qu'étant né citoyen romain, il devait haïr le tyran que pour n'être pas ingrat à sa patrie. Il fallait en quelque sorte l'être envers César et, qu'étant de la race du premier Brutus, il devait le secours de son bras et de sa valeur, à la république oppressée.

Cependant, après avoir fait toutes ces choses, ce peuple lâche et insensé exile celui auquel il devait dresser des statues sur toutes les places publiques. Cette extrême ingratitude n'atteignit toutefois pas la vertu de Brutus, vous savez, ô sage Volumnius, tout ce qu'il a fait pour la patrie. Aussi ne vous le dis-je pas pour vous l'apprendre, mais pour employer le peu de vie qui me reste, à parler des grandes choses qu'il a faites et à vous conjurer de les faire connaître à la postérité. Souvenez-vous donc, Volumnius, bien que tous les Romains fussent des ingrats envers lui, il n'a pas cessé de faire toutes choses pour eux, et lorsque ces lâches au lieu d'un tyran, en ont souffert trois, il a eu plus de compassion pour eux que de ressentiment de leur ingratitude. Et, sans songer à sa conservation, que n'a-t-il point fait pour les rendre heureux malgré qu'ils en eussent ? Mais ces ennemis de la vertu sont si fortement accoutumés à l'esclavage qu'ils gardent leurs chaînes comme leurs plus chers trésors, et jusqu'au point, qu'après que Brutus les eut rompues, ils les renouèrent eux mêmes avec soin et Rome, qui depuis tant de siècles a commandé toute la terre, se soumit volontairement à la tyrannie.

Ô Caton, ô Brutus ! qui l'eût jamais pensé et qui eût pu croire que les Dieux eussent protégé le crime et opprimé l'innocence. Je vois bien pourtant, ce qui porte le ciel à nous nuire, la mort de Brutus est le châtiment de Rome et le plus grand malheur qui ne lui put jamais arriver. Et c'est sans doute pour punir les Romains que les Dieux lui ont permis de mettre fin à ses jours.

Pour Brutus, sa peine fait sa récompense, l'ingratitude des Romains sert à sa gloire, et sa mort même illustre si fortement sa vie que j'ai presque honte de répandre des larmes. Aussi puis-je assurer que j'ai pleuré plus pour son absence que je n'ai fait pour sa perte. Je regardais alors ma douleur comme n'ayant point de terme, et mon âme, étant balancée entre l'espérance et la crainte, je trouvais quelque soulagement à pleurer. Mais, aujourd'hui, que je n'ai plus rien à perdre et que je vois un infaillible moyen de finir ma misère, j'ai l'âme plus tranquille, et quoique ma douleur soit la plus grande que personne n'ait jamais sentie, je la supporte pourtant, avec moins d'impatience, parce que je sais qu'elle finira bientôt. Et ne me dites point que je dois vivre pour conserver la mémoire de Brutus. L'action qu'il a faite est si grande et si noble qu'elle restera toujours, dans la mémoire de tous les hommes. Il sera toujours regardé comme le premier et le dernier des Romains, et les tyrans qui régneront même, après ceux-ci, s'emploieront encore à en conserver le glorieux souvenir. Tant qu'on verra des rois à Rome, on se souviendra que l'ancien Brutus les avait chassés et que ce dernier est mort, pour sauver la liberté que le premier lui avait acquise.

Car je ne doute point, que Rome ne soit toujours asservie, il est indubitable que, si elle eut pu retrouver sa liberté, Brutus la lui aurait redonnée mais, ne l'ayant pu faire, il a du moins eu la gloire de mourir sans être esclave. Ne trouvez donc pas étrange si, étant fille et femme de deux hommes libres jusqu'à la mort, je veux partager cette gloire avec eux. Et puis, à dire vrai, Brutus ne serait pas tout à fait en liberté, si j'étais assez lâche pour vivre captive. Il manquerait quelque chose à sa gloire, si j'oubliais la mienne, l'affection qu'il eut toujours pour moi fait que nos intérêts ne peuvent être séparés.

Je fus de la conspiration, puisque je la sus avant qu'elle fût exécutée. Il était donc bien juste que je suive le destin de Brutus, et sachez, Volumnius, que celle qui eut l'âme assez ferme, pour se donner un coup de poignard, pour en souffrir la douleur et pour la cacher, afin de témoigner à son mari, qu'elle saurait bien celer un secret, ne changera pas aisément la résolution qu'elle a prise de mourir.

L'image de Caton et celle de mon cher Brutus me remplissent tellement l'esprit que je ne vois plus autre chose, et leur mort me semble si digne d'envie que je la regarde, comme le plus grand bien qui ne me puisse jamais arriver. Souvenez-vous, Volumnius, que le vrai zèle de la vertu consiste au désir de l'imiter, car ceux qui louent les hommes vertueux, sans les suivre autant qu'ils le peuvent, méritent plus de blâme que de louange puisqu'ils connaissent le bien et ne le suivent pas. Caton est mort avec cet avantage d'avoir fait dire à César qu'il portait envie à sa mort, parce qu'elle le privait de la gloire de lui pardonner, et je veux qu'Octave porte envie à Brutus, d'avoir su choisir une femme assez courageuse pour le suivre jusqu'au tombeau. C'est là que nous jouirons d'une liberté que nous ne pourrons plus perdre, pendant que les Romains gémiront sous la pésanteur de leurs fers.

Mais un jour viendra que le nom de Brutus leur sera en vénération, qu'ils souhaiteront un bien qu'ils ont refusé, et que le sang de Caton et de Brutus les fera rougir de confusion. Oui, ces citoyens romains, qui se voyaient les maîtres de la terre, qui avaient des rois pour sujets, dont la gloire était sans tâche et dont la puissance n'avait rien au-dessus d'elle que celle des Dieux, feront dorénavant d'infâmes esclaves, et leur servitude sera si rigoureuse qu'ils ne seront pas maîtres de leur propre volonté. Ils prendront tous les vices de leurs tyrans et Rome, qui était une école de vertu, deviendra une retraite de lâches adulateurs. Ô Ciel ! est-il possible que les inclinations d'un si grand peuple se soient changées en un instant ? Tous ces millions d'hommes, qui combattaient dans les plaines de

Pharsale, sous les enseignes de Pompée, ont-ils tous été tués en cette bataille ? Ont-ils perdu le cœur en le perdant ? Tous ces rois, qui tiennent leurs couronnes de l'autorité du sénat, sont-ils ingrats ? Et n'y en a-t-il aucun qui ait pu souffrir que Brutus l'ait déchargé de ses fers ? Ce désir de la liberté, qui est si puissant parmi tous les animaux qui vivent sur la terre, est-il éteint parmi les hommes ? Le sang d'un tyran mort est-il si cher aux Romains que, pour en honorer la mémoire et en porter le deuil, ils veuillent se charger de chaînes pour toute leur vie ? Oui, toutes les légions romaines ont perdu le cœur, tous les rois nos vassaux, sont prêts à mettre leurs couronnes aux pieds de leurs tyrans. Tous les Romains préfèrent l'esclavage à la liberté, les cendres de César leur sont en vénération et, pour dernier malheur, Brutus les a abandonnés. Ne pensez pas toutefois, Volumnius, qu'il ait voulu m'abandonner. Il est vrai, que lorsque nous nous séparâmes en la ville d'Elée, il ne voulut pas que je demeurasse auprès de lui, quoique je fisse pour cela tout mon possible parce que, disait-il, le voyage m'avait donné trop de peine et que je lui serais plus utile à Rome que dans son armée. Mais, en cette occasion, il n'en a pas été ainsi, je sais bien que Brutus a songé à moi en mourant, qu'il m'attend au lieu où il est, et qu'il ne doute point que Porcie se souvienne que l'illustre Caton aima mieux déchirer ses entrailles que survivre à la liberté de son pays et qu'elle, ayant encore de plus payantes raisons qui la poussent, ne manquera pas de suivre le chemin qu'il lui a tracé.

Quand la vie ne saurait plus être ni honorable ni heureuse, c'est une extrême prudence de la quitter, étant certain qu'elle ne nous doit être chère qu'autant qu'elle sert à notre gloire ou à celle de la patrie. Cela étant ainsi, je ne dois plus conserver la mienne, oui Volumnius, je dois ma mort à ma propre gloire, à celle de Caton, à celle de Brutus et à celle de Rome. Mais ne pensez pas que cette mort me soit rude, je vais en un lieu où, sans doute, on connaît et on récompense la vertu. Cet effroyable fantôme que Brutus vit sans s'épouvanter, près de la ville de Sardis et depuis près de celle de Philippes, ne m'apparaît point. Je ne vois que l'ombre de mon mari qui m'appelle et qui semble avoir quelque impatience que la mienne soit auprès d'elle. Je vois celle de Caton qui, tenant l'autorité de père, semble me commander de me hâter à quitter un lieu, indigne de la vertu de Porcie. Jugez, Volumnius, combien cette vision m'épouvante et si, dans les deux chemins que j'ai à suivre, je peux avoir quelque difficulté à choisir.

D'un côté, je vois ma patrie désolée, toute la terre couverte du sang de nos amis, nos persécuteurs devenir nos maîtres, tous mes parents en servitude et, pour tout dire, rien au monde ne peut m'être plus cher que les cendres de Brutus. Voilà, Volumnius, ce que je vois de ce côté-là, mais de l'autre je n'y vois que des félicités, mon père et mon mari m'attendent, le premier me demande le fruit des instructions qu'il m'a données et l'autre, la récompense de l'affection qu'il m'a témoignée. Oui, généreux Caton, oui illustre Brutus, Porcie fera ce qu'elle doit en cette occasion, et rien ne pourra l'en empêcher. Car ne pensez pas, ô sage Volumnius, que la volonté soit une chose que l'on peut contraindre, c'est, par elle, que nous ressemblons en quelque façon aux Dieux, c'est un privilège que le Ciel nous a donné.

Les tyrans ne sauraient la forcer, elle n'est point sous leur domination, et quand on a l'âme ferme et résolue, on ne change jamais les desseins qu'on a faits. Ne croyez, donc pas que les soins de mes parents puissent m'empêcher de mourir, encore moins, que vos raisons ébranlent en quelque façon mon esprit. Caton ne se laissa point fléchir aux larmes de son fils et Porcie, non plus, ne se laissera toucher par celles de ses proches ni par vos discours. Brutus, pour éviter la servitude, a pu se résoudre de me quitter, et par quelle raison ne me serait-il pas plus aisé et plus juste, encore, qu'à lui de finir ma vie ? Ma liberté m'est aussi chère que la sienne lui était précieuse, mais j'ai cet avantage et cette douceur, en mourant, puisqu'il ne pouvait être libre qu'en m'abandonnant, je n'ai qu'à le suivre pour conserver ma franchise.

Vous voyez donc bien, ô sage Volumnius, après tout ce que je viens de dire, que la mort m'est glorieuse, nécessaire et douce. Ne songez donc point à m'en empêcher, puisqu'aussi bien vos soins seraient inutiles. Ceux à qui l'on a fait changer de semblables résolutions voulaient sans doute être persuadés, ils avaient, dans le fond de leur cœur, un sentiment secret qui s'opposait à leur volonté et leur propre faiblesse était une assez grande force, pour conserver leur vie.

C'était de ces gens qui voulaient finir, afin que l'on eût loisir de les en empêcher. Mais, pour moi, il n'en ira pas ainsi, je ne cache point mon dessein, je ne veux point tromper mes gardes, je leur dis franchement que j'échapperai à leurs mains et que la mort me délivrera de la paix où je suis. Oui Volumnius, je m'en vais mourir.

Ô, illustre et grand Caton ! Ô généreux Brutus ! venez recevoir mon âme. Voyez, chères ombres, si je suis digne du nom que je porte, ne me désavouez pas pour ce que je suis car si je ne me trompe, ma fin ne sera pas digne d'une véritable Romaine.

Voyez, mon cher Brutus, si j'ai quelque faiblesse, en cette dernière heure ou, plutôt, si je n'ai pas une extrême impatience d'être auprès de vous. Vous voyez, ô généreux Caton, que l'on m'ôte les poignards, les poisons et tout ce qui pourrait servir à mon dessein. Ma chambre est devenue ma prison, il n'y a pour moi ni précipices ni cordeaux, et j'ai des gardes qui m'observent. Mais en m'ôtant toutes ces choses, on ne me ôte pas la volonté de mourir ni la mémoire de votre vertu.

Je me souviens, ô illustre Caton, de ce jour glorieux où vous surmontâtes César, en vous surmontant vous-même. Vous disiez, alors, à ceux qui vous gardaient que votre vie n'était point en leur puissance puisque, pour la finir, vous n'aviez qu'à vous empêcher de respirer ou à vous écraser la tête contre la muraille. C'est donc, en suivant une si généreuse leçon, que je m'en vais trouver mon cher Brutus. Voyez, ô illustre mari, la dernière action de Porcie, jugez de sa vie par sa mort et de l'affection que j'ai eue pour vous, par ces charbons ardents que je tiens et qui s'en vont m'étouffer.

Effet de cette harangue

En disant ces dernières paroles, elle fit ce qu'elle disait et, par une fermeté de courage qui donne de l'admiration et de l'horreur, elle fit voir que les choses ne sont aisées ou impossibles, que selon la manière dont on les envisage et que, lorsque l'on aime quelqu'un plus que sa vie, l'on n'a point de peine à suivre sa mort.

BÉRÉNICE A TITUS

Huitième harangue

Argument

Pendant la guerre de Judée, Titus devint passionnément amoureux de Bérénice, reine de Chalsis, petite-fille de Mariamne, et même, selon l'opinion de quelques-uns, il l'épousa secrètement. De son retour à Rome où il la mena, le peuple romain qui traitait toutes les étrangères de barbares, et les reines comme toutes les autres, n'approuva point cette alliance, en sorte que l'empereur Vespasien ordonnât à son fils de la renvoyer. Ce fut donc, en cette fâcheuse conjoncture, que cette princesse affligée parla ainsi au grand Titus.

> *Tu perds amant et sceptre, ô beauté sans féconde !*
> *Mais en dépit du peuple et, malgré sa rigueur,*
> *Tu te consolerais de l'empire du monde,*
> *Si tu pouvais garder l'empire de son cœur.*

Bérénice à Titus

Ne pensez pas, ô illustre et généreux Titus, que je me plaigne de vous séparer de moi puisqu'au contraire, vous connaissant comme je vous connais, je vous plains au lieu de vous accuser et, sans rien dire contre vous, je vous demande seulement la liberté de me plaindre de la fortune qui, après vous avoir tant favorisé dans toutes les choses de la guerre, vous traite, aujourd'hui, si cruellement en

97

ma personne. Je ne doute point que vous ressentiez plus de douleur à m'abandonner, que vous n'ayez de joie de toutes vos victoire. Quoique l'ambition soit une passion aussi forte que l'amour, elle ne la surmonte point en votre âme. Et je veux même croire, pour me consoler dans ma disgrâce, que si vous étiez en état de disposer absolument de vous, vous préfériez la possession de Bérénice à l'empire de tout le monde.

Mais cette raison d'Etat, qui autorise tant de crimes et tant de violences, ne peut souffrir que l'invincible Titus, après avoir tant de fois risqué sa vie pour assurer la félicité des Romains, puisse songer à la sienne particulière. Je n'avais, pourtant, jamais ouï dire que l'amour fut une passion honteuse, quand l'objet en était honnête, au contraire, je pensais que c'était une marque des grandes âmes, puisque tous les héros de l'Antiquité en étaient capables.

Je pensais (dis-je) que cette passion, quand elle régnait dans un cœur généreux, lui inspirait encore une nouvelle ardeur d'acquérir de la gloire. Cependant, je vois bien que ce n'est pas l'opinion ni de l'empereur ni du sénat et que je me suis trompée dans mes conjectures.

Si vous aviez choisi, pour objet de votre amour, une personne absolument indigne de vous, leurs plaintes seraient plus supportables, et je mériterais le traitement que je reçois, si j'avais mis, en l'âme de Titus, un sentiment bas et honteux mais si je ne me trompe, on ne peut pas vous reprocher d'avoir pris une alliance fort inégale.

Alexandre ne crut néanmoins rien faire contre sa gloire, lorsqu'il épousa Roxane quoiqu'elle fût captive et étrangère, et cette erreur que l'amour lui fit commettre, n'a pas empêché que le bruit de ses victoires ne soit venu jusqu'à nous et qu'il ne soit mis au rang des plus illustres héros. La faute qu'on vous reproche, n'a pourtant rien de comparable à celle-là car enfin, comme vous le savez, je suis petite-fille de Mariamne. Je compte, entre mes aïeuls, tous les anciens rois de Judée, et je porte moi-même une couronne qui, il me semble, devrait obliger le sénat à ne pas me traiter si cruellement.

Oui, Titus, la Palestine a eu des héros aussi bien que Rome, les Jonathans, les Davids et les Salomons, dont je suis issue, ont fait peut-être d'aussi belles choses que les Romulus, les Numa Poppilius et les Césars, et les superbes et riches dépouilles, que vous prîtes dans le temple de Jérusalem et dont vous ornâtes votre trophée, n'ont que trop fait voir, à Rome la grandeur et la magnificence de mes pères.

Si j'étais d'un sang ennemi de la république, comme l'était autrefois Sophonisbe, fille d'Asdrubal, je dirais qu'on aurait raison de craindre, qu'après avoir vaincu le généreux Titus, je ne voulusse rendre ma victoire funeste au sénat et l'inciter, ensuite, à faire des choses contraires à son autorité. Mais je suis d'une race accoutumée à recevoir des couronnes des empereurs romains. Le grand Agrippa, mon père, gouvernait le royaume de Lisanie, de la libéralité de Cassius aussi bien que celui de Chalsis, dont je porte le sceptre aujourd'hui. Le second Agrippa, mon frère, a reçu la même faveur de l'empereur votre père, et sa mort témoigna suffisamment qu'il fut pas ingrat.

Ce fut en votre présence qu'il perdit la vie, en voulant obliger les habitants de Gamala à se rendre et à reconnaître l'autorité de Vespasien. Cependant, pour me consoler de sa perte, on me bannit comme une criminelle. On dirait que j'ai voulu renverser l'empire, et à peine se trouve-t-il un coin de terre, reculé de Rome, pour m'y envoyer en exil.

Vous savez pourtant, ô mon cher seigneur, que je n'ai commis autre crime que de recevoir l'honneur que vous m'avez fait, en me donnant le glorieux titre de votre femme. L'innocente conquête que mes yeux ont faite de votre cœur est ce qui me rend coupable, les Romains veulent que vous soyez leur captif et non pas le mien. Ils veulent (dis-je) disposer de votre amour et de votre haine, comme il leur plaît, et vous choisir une femme, selon leur fantaisie, et non pas selon vos inclinations.

Du reste, mon cher seigneur, je sais que mes larmes peuvent être suspectes à ceux qui ne me connaissent pas. Mes ennemis, qui verront ma douleur, vous diront sans doute que je regrette l'empire autant que Titus et que l'ambition a plus de part, en mon âme, que l'amour.

Mais, s'il est vrai que vous m'aimiez autant que vous me l'avez dit, vous jugeriez de mes sentiments par les vôtres et vous sauriez sans doute, que votre seule personne fait toute ma douleur comme elle a fait toute ma félicité. Non, Titus, la magnificence de Rome ne m'éblouit point, le trône qui vous attend n'a rien contribué à l'affection que j'ai pour vous. Les vertus de votre âme et l'amour, que vous avez eu pour moi, ont été les seules choses que j'ai considérées, quand j'ai formé la résolution de vous aimer. Prenez donc, quand il vous plaira, une personne avec qui vous ne partagiez jamais le cœur où vous m'avez fait régner.

C'est un empire qui m'appartient et que vous ne pouvez m'ôter sans injustice. Vous ne pouvez pas, mon cher Titus, m'accuser de demander trop de vous, puisque je ne demande que ce que vous-même m'avez donné.

Vous ne pouvez pas, non plus, me dire que ce cœur n'est point en votre puissance, que Vespasien le tient entre ses mains, que le sénat en dispose, et qu'enfin vous n'en êtes pas le maître. Tous les esclaves, si accablés de chaînes qu'ils puissent être, jouissent de ce privilège. Ils aiment et haïssent qui bon leur semble et leur volonté est aussi libre, dans les fers, que s'ils étaient sur le trône.

Cela étant ainsi, vous jouirez sans doute de la même liberté et ne me refuserez pas la grâce. Que je vous demande que vous donniez une femme à l'illustre Titus, pour contenter le caprice du peuple ,mais vous ne donnerez point de rivale à Bérénice. Elle sera seule en votre âme, comme vous êtes seul en la sienne, bien qu'éloignée de vous, elle sera pourtant toujours présente à votre esprit. Si cela est ainsi, je souffrirai mon exil avec patience. Mais Dieux ! puis-je seulement songer à ne jamais vous voir ? Non, Titus, il m'est absolument impossible, mon destin est inséparable du vôtre, et quoique puissent faire Vespasien et toute l'autorité du sénat, il faut que je ne vous quitte point.

Il y aurait de la faiblesse à vous abandonner, vous pourriez me reprocher que la crainte d'être mal traitée m'aurait fait obéir, trop promptement, à l'ordre que j'ai reçu de sortir de Rome, et vous pourriez enfin m'accuser de peu d'affection.

Mais, non, je me dédis de ce sentiment, il y aurait de l'ingratitude à en user ainsi. Il ne faut pas que Bérénice vous coûte l'empire, conservez-le donc et laissez-la partir. C'est assez pour elle, si vous la plaignez et si, lorsque vous arriverez à la couronne, vous vous souvenez seulement que cette possession vous aura coûté Bérénice. En vérité, Titus, il y a quelque chose de bien étrange dans notre aventure, par le fait de penser que ce même peuple, qui se prépare déjà à vous reconnaître comme maître de toute la terre, veuille cependant vous dicter des lois sur ce qui vous est si important et si peu pour lui ? Et que ces mêmes personnes sur lesquelles vous aurez un pouvoir si absolu, que vous disposerez de leurs biens et de leurs vies, ne puissent pourtant souffrir que vous m'aimiez ?

Suis-je femme ou ennemie de tous les Romains ? Ont-ils de la jalousie ou de la haine pour moi ? Craignent-ils que je ne veuille vous pousser à réédifier les murs de Jérusalem ? Ai-je entrepris quelques chose contre le bien public ou les ai-je offensés, chacun en particulier ? Non, Titus, je n'ai rien fait, je n'ai rien dit, je n'ai rien pensé contre eux et mon plus grand crime est que je suis malheureuse et que vous m'aimez. Mais veuille le Ciel que je sois toute ma vie une criminelle de cette sorte, continuez, mon cher seigneur, à leur donner de nouveaux sujets de me haïr en m'aimant toujours, témoignez-leur que la victime que vous immolez pour eux, vous est chère, et pour votre gloire autant que pour la mienne, faites leur connaître que l'affection que vous avez, pour moi, a eu de légitimes fondements.

Cachez mes défauts et exagérez, avec soin, le peu de mes bonnes qualités, dites-leur que l'affection, que j'ai eue pour vous, m'a tenu lieu de mérite et qu'enfin vous trouviez, en ma personne, un objet digne de votre amour. Pour moi, je ne suis pas en peine de justifier celle que j'ai pour vous, votre valeur et votre vertu sont si généralement connues, par toute la terre, que je n'ai pas de dire quelles raisons je vous aime. Ce sentiment est si universel que si vous n'étiez infiniment bon, vous ne m'en seriez pas obligé.

Mais, mon cher Titus, puis-je vous dire une chose que j'ai en l'esprit ? Oui, puisque mon affection l'a causée, elle ne saurait vous

101

déplaire, et vous êtes trop équitable pour condamner Bérénice, quand vous saurez qu'elle n'est coupable que d'un excès d'amour. Je ne voudrais pas dans l'état que sont les choses aujour d'hui, vous arracher la couronne que vous devez porter, en vous obligeant à me suivre car, mon cher seigneur, il n'y a point de coin sur la terre où l'illustre Titus pût vivre inconnu. Mais s'il m'est permis de vous dire tout ce que je pense, je voudrais, étant née sans couronne, sans royaume et sans empire, que nous puissions vivre ensemble en quelque lieu où la vertu seule régnât avec nous.

Je voudrais, dis-je, que vous ne fussiez pas ce que vous êtes, et je ne voudrais pourtant pas que vous fussiez autrement. Enfin l'excès de ma douleur et de mon affection font que, ne trouvant rien qui soit satisfaisant, je suis contrainte, pour me consoler, de faire des souhaits dont l'exécution est impossible. Pardonnez-moi, mon cher Titus, si j'ai voulu vous ravir la couronne. Je m'en repens quoique je devine bien, dans vos yeux, que ce sentiment-là ne vous offense pas. Jusqu'ici, j'avais toujours cru ne jamais pouvoir vous voir aucune douleur, sans la partager avec vous. Cependant il est certain que celle que je vois sur votre visage, adoucit mon affection, que vos larmes diminuent l'amertume des miennes, que dans l'état qu'est mon âme, je ne puis avoir de sentiment plus doux, que de vous voir infiniment affligé.

Oui, Titus, mon désespoir est si grand que, ne pouvant vivre heureuse auprès de vous, il y a des moments où je souhaiterais que nous fussions toujours malheureux, pourvu que nous le fussions ensemble. Cet injuste sentiment ne dure pourtant guère dans mon esprit, et passant d'une extrémité à l'autre, je souhaiterais être encore plus infortunée et que vous ne le fussiez pas. Il me semble, alors, que les Romains ont raison de m'exiler, puisque je suis capable de troubler le repos de leur prince. Je voudrais pouvoir partir sans vous affliger, emporter, dans mon cœur, votre douleur avec la mienne et dans un sentiment si tendre, je vous plains davantage que je ne me plains moi-même. Du reste, s'il est possible que je puisse vivre sans vous, je suis bien certaine d'apprendre souvent de vos nouvelles, quand bien même vous ne m'en donneriez pas. La renommée me dira les belles choses que vous ferez, et je souhaite, de tout mon cœur, qu'elle veuille aussi bien se charger de mes larmes que de vos exploits et faire, en sorte, que vous puissiez savoir que le temps ni l'absence n'auront rien diminué de ma douleur ni de mon affection.

Souvenez-vous, mon cher Titus, toutes les fois que votre grand cœur vous portera à faire une belle action, que Bérénice y trouvera tout ensemble un sujet de consolation et de douleur, elle se réjouira de votre gloire et s'affligera de la perte qu'elle aura faite. Mais quoiqu'il advienne, elle vous aimera toujours pareillement. Je pense, toutefois, que je ne serai pas longtemps en peine de prendre part aux choses qui vous arriveront, car la douleur que je sens est si forte que je ne crois pas qu'elle puisse être bien longue. Si mon exil était un effet de votre inconstance, que vous eussiez changé de sentiments pour moi, que votre mépris fût la cause de ma disgrâce, j'aurais du moins la consolation de me plaindre de vous. Je soulagerais mon tourment, en vous appelant ingrat et perfide, la colère et le dépit partageraient mon cœur, je pourrais espérer un jour ne plus vous aimer et, soit par ressentiment ou par gloire, je me séparerais de vous presque sans pleurer.

Mais de la façon qu'est la chose, je vois partout des raisons de m'affliger et rien qui puisse adoucir ma douleur. Je ne perds pas seulement un amant, je perds un amant fidèle, et je le perds d'une façon, qui ne me permet pas de me plaindre de lui. J'accuse le sénat et le peuple, pour ne pas me plaindre de l'empereur parce qu'il est son père. Et sans pouvoir l'accuser, sinon de m'avoir trop aimée, je pars la plus malheureuse qui ne fût jamais. Mais que dis-je, insensée que je suis ? C'est par là que je trouve quelque raison de me consoler, puisque je quitte Titus et que ce n'est pas lui qui me quitte. La fortune m'arrache d'auprès de lui contre sa volonté, elle le menace de lui ôter la couronne s'il ne consente à mon exil et, dans cet instant, j'ai la satisfaction de voir mon cher Titus m'estimer plus que l'empire de tout le monde. Il est vrai pourtant qu'il faut l'abandonner, mais j'ai du moins cet avantage, en partant, de savoir que je demeure en son âme et que rien ne m'en pourra chasser.

Je vois, si je ne me trompe, que votre silence m'accorde ce que je dis, vos soupirs m'en assurent et vos larmes ne me permettent pas d'en douter. Vous avez certainement l'âme trop bien faite, pour être capable d'infidélité ou d'oubli. L'inconstance est un défaut que l'on ne peut trouver en vous, puisqu'il est assuré que c'est une marque de faiblesse et de peu de jugement. Il ne faut pas donner son cœur, sans y avoir pensé longtemps, mais quand on l'a donné, il ne faut jamais le retirer. Selon moi, je trouve que nous avons plus de droit sur le bien d'autrui, qui n'a point été à nous, que nous n'en avons sur les présents que notre libéralité a faits. Les autres choses peuvent quelquefois venir, en notre puissance, sans injustice mais ce que nous avons, une fois, donné ne doit plus jamais être nôtre.

C'est aprés avoir renoncé à tous les droits que nous pouvons y prétendre, et il n'est point de loi qui puisse nous en accorder avec justice. Cela étant ainsi, je suis assurée de posséder toujours votre cœur, et c'est par cette pensée que je puis espérer vivre dans mon exil. C'est par là, seulement, que la vie me peut être supportable et que je puis me dire n'être pas absolument malheureuse. J'espère qu'avec le temps les Romains pourront comprendre que, comme l'amour que vous avez pour moi n'a rien d'injuste, je ne vous ai également inspiré que des sentiments raisonnables. Je ne demande point, ô Titus, que vous vous perdiez pour me conserver, je ne veux point que vous vous opposiez à l'empereur, que vous vous acquériez la haine du sénat, que vous irritiez le peuple contre vous, que vous tâchiez de faire soulever les légions, que vous refusiez la belle Arricidia que l'on vous destine, je ne veux point, dis-je, que vous perdiez l'empire pour l'amour de moi. Au contraire, je vous conseille et vous conjure d'obéir à l'empereur, de suivre l'avis du sénat, de contenter la bizarrerie du peuple, de garder vos légions pour faire de nouvelles conquêtes, de recevoir au trône la trop heureuse Arricidia et de conserver l'empire que le destin vous promet et que la naissance vous donne. Mais après avoir contenté tout le monde à mon préjudice, ayez l'équité de vous souvenir que Bérénice doit être votre seule passion. Si j'obtiens cette grâce de vous, je partirai avec quelque douceur malgré toutes mes amertumes, et bien loin de faire des imprécations contre mes ennemis, je ferai des vœux pour leur félicité, comme j'en ferai pour votre conservation. Puissiez-vous donc, ô Titus, remporter autant de victoires, que vous donnerez de combats, régner sur vos peuples avec autant d'autorité que de clémence, avoir autant de gloire que vous en méritez, rendre votre règne aussi heureux que je suis infortunée, enfin puissiez-vous faire tant de belles choses, et par votre insigne valeur et par votre rare bonté, que du consentement de toutes les nations, vous puissiez un jour être appelé l'*Amour et les délices du genre humain.*

Effet de cette Harangue

Ces vœux étaient trop ardents, pour n'être pas exaucés. Titus fut aussi grand et autant aimé que Bérénice le souhaitait, et si le silence de l'Histoire ne me trompe, elle fut sa dernière passion comme elle l'avait désiré. Ainsi l'on peut dire qu'elle obtint tout ce qu'elle demanda, quoiqu'elle partit de Rome et qu'elle abandonnât Titus.

PANTHÉE A CYRUS

Neuvième harangue

Argument

Panthée, reine de la Susiane, ayant été faite prisonnière de cette guerre par le grand Cyrus, fut favorablement traitée et pour témoigner sa courtoisie, elle obligea Abradate, son mari, d'abandonner le parti des Lydiens et de joindre ses armes à celles de cet invincible conquérant. Or ce grand homme de guerre, pour signaler sa reconnaissance et son courage, demanda à Cyrus la permission de combattre, à l'avant-garde, le jour de la bataille. Cette glorieuse faveur lui ayant été accordée, il y fit des choses prodigieuses, et s'épargna si peu qu'il gagna la bataille et perdit la vie.

Son corps fut rapporté, tout couvert de blessures, à l'inconsolable Panthée, et Cyrus étant allé   la voir pour la consoler ou plutôt pour s'affliger avec elle d'une perte qui leur était commune, cette princesse affligée lui parla à peu près en ces termes.

> *O rare exemple d'amitié !*
> *Objet digne d'envie et digne de pitié,*
> *Belle et généreuse Panthée,*
> *Abradate dans son mauvais sort,*
> *Peut-il se plaindre d'une mort,*
> *Que l'on voit si bien plainte et si bien imitée.*

Panthée à Cyrus

Vous voyez, ô grand et généreux Cyrus, ce que vous a coûté la victoire, Abradate a été la victime qui vous a rendu les Dieux propices, son sang a arrosé les lauriers qui vous ceignent le front, et pour parler véritablement des choses, Cyrus et Panthée sont plutôt la cause de sa perte que la valeur des Lydiens. Oui, Cyrus, votre générosité, ma reconnaissance, et la sienne, l'ont mis au déplorable état où il est. Vous le voyez tout couvert de son sang et de celui de vos ennemis. Ce grand nombre de blessures, qu'il a reçues sur tout le corps, sont des preuves certaines de celles qu'il a faites à ceux qu'il a combattus. Son extrême courage a changé celui des Egyptiens en désespoir, et cette illustre main, qu'ils ont presque arrachée de son bras (hélas ! quel objet pour Panthée !), fait assez voir qu'il n'a quitté ses armes qu'en quittant la vie. On l'a vu, généreux Cyrus, combattre avec tant d'ardeur qu'on eût dit que le gain de cette bataille devait mettre la couronne de tout le monde, sur sa tête. Il a payé de sa personne, de son sang et de sa vie l'obligation que je vous avais, en   sorte que, ô invincible Cyrus (comme je vous l'ai déjà dit), votre générosité, ma reconnaissance et la sienne, aient causé sa mort et mon affliction. Je ne vous accuse pourtant pas, je suis trop équitable pour cela, au contraire, je vous remercie avec tendresse de l'assistance que vous m'offrez, pour me consoler.

Je loue en vous, ô Cyrus, le généreux sentiment qui vous fait répandre des larmes, le propre jour de la victoire, et qui fait que vous vous affligez plus de la perte de votre ami que vous ne vous réjouissez du gain de la bataille et de la défaite de tous vos ennemis. Mais après avoir rendu cette justice à votre vertu, souffrez que sans vous accuser et sans me repentir, je me plaigne de la rigueur de mon destin qui a voulu que, pour vous témoigner ma reconnaissance, je fusse obligée d'exposer, moi-même, mon cher Abradate au combat où le nombre l'a fait succomber. Ce fut seulement par amour pour moi, qu'il abandonna le parti de Crésus car, encore qu'il eût d'assez justes raisons de ne point le servir, la mémoire du feu roi son père qui avait chèrement aimé, eut fait qu'il n'eut pas abandonné son fils, quoique moins vertueux. Mais je ne lui eus pas, tôt, fait savoir ce que je vous devais qu'il s'offrit à m'acquitter, envers vous, d'une obligation si sensible. Votre renommée avait déjà disposé son cœur à m'accorder ce que je lui demandais, et vous estimant déjà infiniment, il lui fut aisé de vous aimer.

Enfin, Cyrus, comme vous le savez, il témoigna en cette occasion beaucoup de gratitude envers vous et beaucoup d'amour envers moi. Non, me dit-il, généreuse Panthée, Abradate ne saurait être ennemi de votre protecteur. Il a essuyé vos larmes, il faut que je verse mon sang pour son service. Il a pris soin de votre gloire, il faut que ma valeur accroisse la sienne ; il a perdu un homme qu'il aimait beaucoup pour vous protéger, je dois réparer cette perte et faire, s'il est possible, qu'on ne s'aperçoive pas, le jour de la bataille, qu'Araspe n'y sera point.

Oui, me dit-il, en haussant la voix, je perdrai la vie ou je témoignerai à Cyrus, que ceux qui reçoivent un bienfait comme il faut sont quelquefois aussi généreux que ceux qui le font. Hélas ! faut-il que je le dise, je ne m'opposai point à ce discours et, sans rien appréhender de funeste pour une si noble intention, je louai son sentiment et son dessein. Je lui rendus grâce de ce qui devait causer ma suprême infortune, et travaillant moi-même à mon malheur, j'excitai son courage à faire les choses qui l'ont fait mourir, aujourd'hui, et qui pourtant le feront vivre éternellement. Ô cruel souvenir ! ô injustice de la fortune ! Pourquoi fallait-il que, de tous les vainqueurs, Abradate fût le seul vaincu ? Et pourquoi fallait-il, qu'ayant si utilement versé son sang pour le gain de la bataille, il fût presque le seul à ne point jouir du fruit de la victoire ?

Mais ce n'est pas, en cette seule rencontre, que j'ai contribué à mon malheur. Mon aveuglement était si grand que j'attendais cette funeste journée, comme un jour de triomphe. Mon esprit n'était rempli que d'espérance, mon imagination ne me présentait que des choses agréables, je regardais la fin de ce combat, comme le commencement de ma félicité. Je voyais, me semblait-il, Abradate en revenir tout couvert de palmes et son char tout chargé des dépouilles des ennemis. Et dans cette pensée, j'eus plus de soin de lui donner des armes éclatantes que fortes. Je connaissais la valeur d'Abradate, mais je ne connaissais pas encore la malice de la fortune. J'avais si peur que ses belles actions ne fussent pas assez connues que j'employai toutes mes pierreries à sa cotte d'armes, pour le rendre plus remarquable. Mais que dis-je, insensée que je suis ? J'étais sans doute d'accord avec les ennemis. Je voulais leur montrer où ils doivent frapper. Je suis cause de toutes les blessures qu'Abradate a reçues. C'est moi qui lui ai traversé le cœur et qui ai couvert, tout son corps, de sang et de plaies. J'ai conduit la main de tous ceux qui l'ont attaqué et, comme si ce n'eut pas été assez que les généreux l'eussent combattu par l'émulation que son extraordinaire valeur leur donnait, j'ai voulu encore que tous les avares et tous les mercenaires en eussent aussi le dessein. Enfin j'ai armé, contre lui, toute l'armée de Crésus, les uns par le seul désir de vaincre cet homme qui sembla le Dieu de la guerre et les autres par la richesse du butin.

Ç'a été de ma main qu'Abradate a été armé, en cette funeste journée. Oui, généreux Cyrus, je lui portai moi-même ce qui devait causer ma perte, et quoiqu'en cet instant une secrète frayeur me saisît qui m'avertissait sans doute de mon malheur, je méprisai un sentiment que les Dieux m'envoyaient, et ne pouvant retenir mes larmes, j'eus l'injustice de les cacher à mon cher Abradate. Il me semblait que c'eût été lui arracher le cœur que de lui témoigner que j'en manquai en cette occasion mais imprudente que je fus !

Je devais lui montrer mes larmes, avec toute l'amertume qu'elles avaient, car je ne doute point que, si par mon affliction je lui eusse fait savoir que de sa vie dépendait la mienne, il n'eût pris un peu plus de soin de lui qu'il n'a fait et eût également songé à votre gloire et à ma vie. Mais, ô illustre Cyrus, il sembla en cette occasion que je ne m'aie soucié ni de celle d'Abradate ni de la mienne car, lorsque j'eus achevé de l'armer et que je l'eus conduit au superbe char qui l'attendait, je ne lui parlai ni de lui ni de moi, mais uniquement de l'obligation que je vous devais. Je le fis souvenir que ne m'ayant pu traiter en esclave, vous m'aviez traitée en reine, qu'ayant eu le malheur de plaire à un homme que vous aimiez plus que vous-même, vous aviez eu la générosité de me protéger contre lui, et qu'après une action si illustre, je vous avais promis qu'il vous serait aussi fidèle et aussi utile que Araspe vous l'avait été. Voilà, généreux Cyrus, ce que je dis à mon cher Abradate, prête à me séparer de lui, pour la dernière fois.

Et comme ses sentiments ne s'étaient jamais éloignés des miens : « *Veuillent les Dieux* (me dit-il, en me mettant la main sur la tête et levant les yeux au ciel) *que je me montre aujourd'hui digne ami de Cyrus et digne mari de Panthée.* » En disant cela, il me quitta et entra dans son char, en me regardant le plus longtemps qu'il lui fut possible. Il ordonna à celui qui le conduisait de commencer à marcher en sorte que, ne pouvant plus embrasser mon cher Abradate, tout ce que je pusse faire fut de baiser de l'extérieur la chaire où il était assis. *Adieu*, je voulais dire à mon cher Abradate lorsqu'une douleur excessive, qui me surprit tout d'un coup, m'en empêcha.

Et quoique le char commençât déjà à s'éloigner, je ne cessais pas de le suivre, mais Abradate s'en étant aperçu : « *Allez* (me dit-il), *généreuse Panthée, attendre mon retour, avec l'espérance de me revoir bientôt.* » Hélas ! je ne savais pas, alors, que ce char, dont la magnificence attirait les yeux de tous les spectateurs et qui semblait n'être

109

fait que pour un jour de triomphe, serait le cercueil d'Abradate. Je ne l'eus, pourtant pas sitôt perdu de vue, que mes femmes m'ayant remise dans ma litière et ramenée à ma tante, je cessai d'espérer et je commençai à craindre.

Mon imagination, qui jusqu' alors ne m'avait entretenue que de couronnes et de victoires, ne me fit presque plus voir que des signes funèbres, et de la façon dont on m'a raconté la chose, je vis dans mes rêveries mélancoliques tout ce qui est arrivé à mon cher Abradate. Oui, Cyrus, je le vis au front de la bataille, impatient de répandre son sang pour votre gloire. Je le vis choquer les Lydiens avec fureur, rompre la bataille qu'il attaqua, porter la mort par tous les lieux où il porta son bras, poursuivre les ennemis qui fuyaient, couvrir la campagne de morts, et dans ma vision je vis, il me semblait, la victoire qui conduisait son char.

Mais hélas ! Que cette image fut bientôt effacée par une autre ! je vis, tout d'un coup, que ce qui devait obliger les gens d'Abradate à le suivre, de plus près, fut ce qui les fit abandonner. L'extrême péril, où il se jeta, arracha le cœur à ceux qui devaient le suivre et augmenta celui des Egyptiens. Je le vis abandonné de la plus grande partie des siens et entouré d'ennemis.

Je le vis pourtant se faire jour à travers leurs lances, leurs dards et leurs javelines, éclaircir tous les rangs, renverser tout ce qu'il rencontra, briser les chars qui s'opposaient à lui, tuer les hommes qui les conduisaient, attaquer et se défendre tout à la fois et vaincre, enfin, tout ce qui s'opposait à sa valeur.

Mais, après qu'il eut de sa propre main élevé un trophée à votre gloire et à la sienne et montré à vos gens par quel chemin ils trouveraient la victoire, après (dis je) avoir couvert toute la campagne de sang, de morts, d'armes rompues et de chars brisés, ces mêmes hommes qu'il avait tués, ces armes qu'il avait brisées et ces mêmes chars qu'il avait rompus firent (le dirais-je ô Cyrus ?) renverser celui de mon Abradate.

S'il eut vaincu moins d'ennemis, il n'eût pas été vaincu, ceux qu'il avait surmontés lui firent plus funestes que ceux qu'il combattait encore. Mais, enfin, je vis Abradate accablé par le nombre , je le vis, tout couvert de plaies, disputer sa vie jusqu'à la dernière goutte de sang. Ô épouvantable vision ! Je le vis tomber mort, vaincre en mourant ceux qui le faisaient mourir. Et, en effet, vous saurez, ô Cyrus, que vos gens ont mieux combattu pour avoir le corps d'Abradate mort qu'ils auraient fait pour sauver Abradate en vie.

Jugez dans quel état était mon âme, durant une si funeste apparition. Ce n'était pourtant rien en comparaison de ce que j'ai senti, lorsque j'ai vu revenir le char d'Abradate, tout chargé des dépouilles des ennemis et, sur ce funeste trophée, le corps de cet illustre héros tout couvert de blessures, pâle, mort et sanglant. Ô Cyrus ! Ô Panthée ! Ô funeste victoire ! Quel objet pour mes yeux ? Et quelle douleur à mon âme ? Elle est si grande que je m'étonne qu'elle ne m'ait déjà, privée de toute douleur, tout ce que je vois m'afflige, tout ce que je pense me désespère. Car, Cyrus, lorsque l'injuste passion d'Araspe me donna un juste sujet de plainte, si j'avais eu recours à la mort, j'aurais conservé la vie d'Abradate, j'aurais mis mon honneur en sûreté et vous n'auriez point eu de raison d'accuser un homme qui vous était cher.

J'eusse tout à la fois satisfait à mon mari et à ma propre gloire, et au grand Cyrus, je lui dusse ce respect de ne pas me plaindre de son favori. Et si j'avais été raisonnable, la mort m'aurait empêchée de me plaindre en ce temps-là et de pleurer aujourd'hui. Mais le destin en avait résolu autrement, veuillent les Dieux que, dans une si funeste aventure où Abradate s'est montré digne mari de Panthée et digne ami de Cyrus, je puisse aussi faire voir à la postérité que Panthée fut digne femme d'Abradate et qu'elle n'était pas indigne de la protection de Cyrus.

Je vois bien, ô excellent prince, par le grand nombre de victimes que l'on prépare et par la magnificence des ornements que l'on m'a apportés de votre part, que vous avez dessein de faire les obsèques de mon cher Abradate, telles qu'elles conviennent à cet illustre vainqueur. Mais, comme sa gloire est la seule chose dont je puis maintenant avoir soin, faites, ô grand Cyrus, que grâce à un monument superbe et des inscriptions véritables, la postérité puisse savoir quel était Abradate. Eternisez, tout ensemble, votre gloire, la

111

sienne et mon malheur. L'or et le marbre, que vous y emploierez, ne vous seront pas inutiles et le tombeau que vous élèverez, pour immortaliser Abradate, vous immortalisera vous-même. Il se trouve plus de gens qui savent faire une belle action qu'il ne s'en rencontre qui la savent reconnaître comme il faut et la publier. N'ayez pas cette jalousie que la gloire donne aux plus illustres et croyiez que les Dieux, feront la vôtre, si vous faîtes celle d'Abradate.

Le sang qu'il a répandu pour vous mérite, il me semble, cette reconnaissance, aussi ne doutais-je pas que je n'obtinsse ce que je vous demande. Je vois que vous me l'accordez, et que je n'ai pas sitôt conçu ma requête que votre bonté fait que je suis obligée de vous rendre grâce. J'en ai, pourtant, encore une à vous demander.

C'est, ô Illustre Cyrus, que sans hâter les pompes funèbres de mon cher Abradate, on me laisse encore quelque temps pour laver ses blessures avec mes larmes. Toutes les victimes nécessaires, pour apaiser ses mânes, ne sont pas encore dans l'état qu'il faut pour cela. Faites donc, ô Cyrus, qu'on ne le presse point. Je ne ferai pas attendre longtemps, mes derniers adieux seront bientôt faits. Et puis, il est bien juste qu'étant mort pour moi, je verse autant de larmes qu'il a versé de sang et que ne le devant plus voir en ce monde, je jouisse de sa venue, le plus longtemps qu'il me sera possible.

Oui, Cyrus, cet être, tout pitoyable et tout funeste qu'il est, est le seul bien qui me reste. Il est, tout ensemble, mon désespoir et ma consolation, je ne puis le voir sans mourir, et je mourrai pourtant aussitôt que je ne le verrai plus. C'est pourquoi, je vous conjure qu'on ne me presse point, et pour la prière que vous me faites de vous dire en quel endroit je veux aller, je vous promets que vous saurez, bientôt, le lieu que je choisirai pour ma retraite.

Effet de cette harangue

Hélas! Cette belle et déplorable reine ne fut que trop véritable, car à peine eut-elle abusé Cyrus, en lui faisant croire qu'elle serait capable de vivre après la perte d'Abradate (et cette généreuse tromperie fut l'effet de sa harangue), qu'elle choisit cette retraite, je veux dire le tombeau de son mari. A peine, dis-je, Cyrus l'eut quittée, qu'elle se donna un coup de poignard, dans le sein, et qu'elle expira sur le corps d'Abradate.

Ce généreux monarque en eut une douleur incroyable et, pour éterniser la mémoire de ces deux rares personnes et sa gratitude avec elles, il leur fit élever un superbe monument où, plusieurs siècles après le sien, le marbre et le bronze parlaient encore de la vertu de Panthée et de la valeur d'Abradate, et le fleuve Pactole, que l'on y voyait représenté au bord duquel était ce tombeau, semblait dire qu'il tenait leurs reliques plus précieuses que tout l'or qui roule parmi ses sablons.

AMALASONTE A THÉODAT

Dixième harangue

Argument

Amalasonte, fille du grand Théodoric, après la mort d'Eutharic son mari, régna huit ans en Italie pendant la minorité d'Athalaric son fils, avec une splendeur merveilleuse. Mais ce jeune Prince étant mort fait qu'elle voulut se décharger d'une partie des affaires de l'Etat, soit qu'elle crût que les Goths voulussent un roi. Elle mit sur le trône Théodat, fils d'Amalafrede, sœur de Théodoric son père, avec intention toutefois de partager toujours, avec lui, l'autorité souveraine. Mais cet ingrat n'eut pas sitôt le sceptre, à la main, qu'il exila cette grande princesse qui, sur le point de son départ, lui dit à peu près ces paroles.

Ô grande Amalasonte ! en vain cette fois,
Tu voudrais d'un tyran toucher l'âme trop dure,
Car comment ce barbare entendrait-il ta voix,
Lui qui n'écoute plus celle de la nature ?
Et donc l'ingratitude, horrible au souvenir,
Règne par toi qu'il va bannir ?

Amalasonte à Théodat

Avez-vous oublié, Théodat, par quel chemin vous avez été conduit au trône ? Avez-vous oublié de quelle façon vous avez reçu la couronne que vous portez ? Avez-vous oublié de qui vous tenez le sceptre que je vois entre vos mains ? Et cette puissance absolue que j'éprouve aujourd'hui cruellement, vous a-t-elle été donnée pour votre valeur ou par les lois de ce royaume, ou par le suffrage de tous les Goths ? Avez-vous conquis cette grande étendue de terre qui reconnaît votre autorité ? Etes-vous conquérant, usurpateur ou roi légitime ?

Répondez, Théodat, à toutes ces choses ou du moins laissez-moi y répondre pour vous, car si je ne me trompe, vous ne le pourriez pas faire à votre avantage, et je suis encore assez indulgente, pour ne pas vous obliger à dire une chose qui vous serait fâcheuse. Ceux qui ne veulent point reconnaître un bienfait ne sauraient avoir de plus grand supplice que d'être forcés de le publier. C'est pourquoi je ne veux pas vous contraindre d'avouer, de votre propre bouche, que ni par le droit de votre naissance, ni par celui des conquérants, ni par celui de nos lois, vous ne pouviez avoir nulles prétentions sur le royaume des Goths, tant que je serai vivante, puisque j'en étais en possession, comme fille, femme et mère des rois qui l'ont possédé et qui me l'ont laissé, après eux, comme la légitime héritière. Vous n'ignorez donc pas que vous êtes né mon sujet et que vous l'auriez toujours été si, par une bonté toute extraordinaire, je n'étais descendue du trône pour vous y conduire.

Cependant, après m'être ôté la couronne de dessus la tête pour vous la donner, après vous avoir remis mon sceptre entre les mains et m'être résolue de faire un roi en votre personne, après qu'avec beaucoup de peine, j'eus convaincu les Goths de vous obéir, et il se trouve (dis-je) que la première chose que vous avez faite, a été de rappeler à la Cour tous ceux que j'avais exilés pour leurs crimes et après avoir choisi, pour vos principaux ministres, le plus grand de mes ennemis, Théodat. Ce même Théodat, qu'Amalasonte, fille du grand Théodoric, a fait roi, couronné de sa propre main et à qui elle a remis l'autorité souveraine, pour lui donner preuve manifeste de sa puissance, bannit injustement celle qui lui a donné le pouvoir de la bannir.

Ô Ciel ! Est-il possible qu'il existe une pareille ingratitude parmi les hommes ? Et est-il possible, encore, qu'Amalasonte ait si mal choisi ? Non, Théodat, je ne suis pas comme vous, je ne veux point vous condamner sans vous entendre, il faut sans doute que vous ayez quelque raison de me haïr et de m'exiler. Qu'ai-je fait contre vous lorsque vous étiez mon sujet ? Ou qu'ai-je fait contre vous, depuis que je vous ai fait roi ? Je me souviens bien que, du temps que vous étiez sous mon obéissance et que j'étais en droit de vous punir ou de vous récompenser, et qu'un grand nombre de Toscans venus se plaindre, à moi, des violences que votre avarice vous avait porté à leur faire, je me souviens bien (dis-je) qu'étant fâchée de voir, en vous, une passion indigne du neveu de Théodoric, je fis tous mes efforts pour vous faire comprendre que ce sentiment-là était bas et injuste.

Il est vrai que je vous ai obligé à rendre ce qui ne vous appartenait point mais il est vrai, aussi, que je ne fis rien que ce que la raison et l'équité voulaient que je fisse. Je sais que je vous ai dit en ce temps-là, que l'avarice était la marque infaillible d'une âme basse, que les avares étaient presque tous des lâches, que tous ceux qui aimaient, si passionnément, à amasser des trésors ne se souciaient que médiocrement d'acquérir de la gloire et qu'enfin l'avarice était presque toujours compagne de l'ingratitude.

Voilà, Théodat, ce que j'ai fait contre vous, j'ai tâché de corriger

115

une mauvaise inclination avec laquelle vous êtes né. Mais savez-vous, Théodat, quelle était alors mon attention ? Je songeais déjà à vous mettre la couronne sur la tête, à faire que mes sujets n'eussent rien à vous reprocher quand vous seriez leur roi. Je songeais à les empêcher de craindre que vous ne fussiez leur tyran plutôt que leur souverain et à faire en sorte qu'ils ne dussent pas appréhender que celui qui avait déjà usurpé leurs biens, quand il n'était que sujet comme eux, ne les ruinât entièrement quand il sera leur maître.

Voilà, Théodat, la véritable cause de l'aigreur de cette réprimande qui a mis, en votre âme, la haine que vous avez pour moi. Je m'étonne, néanmoins, qu'ayant passé la plus grande partie de votre vie à l'étude de la philosophie de Platon, vous trouviez mauvais qu'on ait voulu vous corriger. Ceux qui apprennent la sagesse, avec tant de soin, doivent, me semble-t-il, la pratiquer, et je ne puis trouver assez étrange que vous vous souveniez si bien de la remontrance que je vous fis et que vous ne vous souveniez plus, de ce que j'ai fait pour vous.

Lorsque je pris la résolution de vous couronner, je ne la pris pas tumultueusement, je considérais ce que vous étiez et je tâchais de prévoir ce que vous seriez un jour. Je trouvais, en vous, deux inclinations qui ne me plaisaient pas. La première était cette non-chalance que vous avez toujours eue pour les choses de la guerre et la seconde était cette envie insatiable d'acquérir, tous les jours, de nouvelles richesses.

Je crus néanmoins que l'une vous obligerait à être prudent et pour l'autre, je pensais qu'un homme, qui croyait satisfaire son avarice par trois ou quatre pieds de terre qu'il voulait usurper sur ses voisins, se guérirait de cette infâme passion quand je lui aurais donné un royaume.

Je crus, dis-je, que cette avarice, manquant d'objets, deviendrait du moins une noble ambition que vous auriez, dorénavant, autant de soin de mériter les biens que je vous aurais donnés, que vous en auriez toujours eu d'acquérir de nouveaux trésors et je crus, enfin, que d'un sujet avare et paresseux, je ferais un roi prudent et reconnaissant.

116

Mais j'aurais dû pourtant penser que celui qui ne pouvait souffrir des voisins à sa maison de sa campagne, et qui faisait cette injustice pour reculer ses bornes de quelques pas, j'aurais dû, dis-je, bien penser qu'un homme de cette humeur ne pourrait se résoudre à partager un trône avec moi.

En vérité, Théodat, je ne pense pas toutefois que vous songiez bien à ce que vous faites, car est-il possible, qu'après vous avoir donné un grand royaume, vous avoir rendu maître des Goths et de toute l'Italie, vous puissiez m'assigner, comme le lieu de mon exil, cette petite île de la Bolsine, située au milieu d'un lac où à peine un petit château peut trouver sa place ? Non, Théodat, ne déguisons point la vérité, le lieu de mon exil peut plutôt se nommer ma prison ou, peut-être, encore mon tombeau. Peut-être que j'y trouverai mes bourreaux pensant n'y trouver que mes gardes et, peut-être encore, que, pendant que je vous parle, vous ne trouvez la longueur de mon discours importune que parce qu'elle recule le moment fatal où je dois mourir.

Vous n'êtes pourtant pas encore en état d'achever le crime que vous êtes prêt à commettre. Songez, Théodat, à ce que vous allez entreprendre, ma mort vous coûtera peut-être la vie, éternisez donc votre nom par une autre voie que par l'ingratitude, ne commencez point votre règne par une injustice et faites, s'il est possible, que le repentir d'un mauvais dessein vous en fasse prendre un meilleur.

Considérez que si je n'avais pas voulu que vous régnassiez, je ne vous aurais pas fait roi et qu'il n'est pas croyable que je ne vous aie mis sur le trône que pour vous précipiter. Cela étant ainsi, qu'appréhendez-vous de moi ou, pour mieux dire, que ne devez-vous pas craindre si vous m'exilez ?

Pensez-vous que les Goths et les Italiens endurent, sans murmurer, que la fille de Théodoric soit indignement traitée par un homme qu'ils haïssaient déjà beaucoup, quand il n'était que son sujet ?

Cette haine secrète qu'ils ont, pour vous, éclatera aussitôt qu'ils auront trouvé un prétexte, ils songeront également à venger mon outrage et à se venger eux-mêmes, et en sorte que, sans qu'Amalasonte contribue en rien à votre perte, elle ne cesserât pas de renverser le trône où elle vous a mis. L'injure, que vous me faites, ne s'attaque pas seulement à moi, tous les princes de la terre y doivent prendre intérêt et, si je ne me trompe, vous avez des voisins qui, sous le titre de protecteurs de l'innocence ou de vengeurs de ma mort, envahiront une partie de vos Etats.

Si la fortune m'avait traitée autrement, que j'eusse perdu le trône d'une autre façon, que mes sujets se fussent révoltés, que l'empereur Justinien m'eût fait la guerre, que Bélisaire m'eût vaincue, que quelque autre conquérant eût usurpé mon royaume, je me consolerais plus aisément. Mais de voir que de ma propre main je me sois arraché la couronne, pour la donner à mon persécuteur, c'est ce qui vient à bout de toute ma constance et de toute ma vertu.

Quoi Théodat ! Vous pouvez voir Amalasonte au pied du même trône où je vous ai vu autrefois comme mon sujet, comme criminel et comme suppliant ? Vous pouvez, dis-je, m'y voir pour me condamner injustement à un perpétuel exil, sans avoir commis autre crime, en ma vie, que de vous avoir donné la souveraine puissance ? Peut-être, aussi, est-ce pour cela que le Ciel me punit, il veut venger sur moi toutes les injustices que vous ferez et me faire éprouver à moi-même, ce que sans doute vous ferez éprouver, aux autres.

Néanmoins, comme mes intentions étaient très sincères, je ne saurais me repentir de ce que j'ai fait pour vous. Mais comme je suis assez généreuse pour ne pas me repentir d'un bienfait, soyez aussi assez équitable pour vous repentir d'un mauvais dessein, et si ce n'est pas pour l'amour de moi, faites que ce soit pour l'amour de vous. L'ingratitude est un vice populaire qu'on n'a jamais vu sur le trône qu'avec des monstres, et comme la libéralité et la reconnaissance sont les véritables vertus des rois, l'avarice et l'ingratitude sont des vices dont ils ne doivent jamais être capables.

C'est eux qui sont les distributeurs des bienfaits et des récompenses et, à raisonnablement parler, ce qui est avarice dans l'âme d'un sujet doit être prodigalité et ce qui est ingratitude doit être ambition dans celle d'un souverain. Oui, Théodat, un roi peut être ambitieux et prodigue sans être déshonoré, mais il ne peut jamais être ni avare ni ingrat, sans être l'objet du mépris de ses sujets et sans être en exécration, à la postérité.

Vos livres vous ont, sans doute, appris ce que je dis et ce que l'expérience seule m'a enseigné, mais vous trouvez, si je ne me trompe, qu'il est bien plus aisé de faire un beau discours qu'une belle action.

Ce n'est pas que le chemin de la vertu soit difficile, quand on a les inclinations nobles. Au contraire, elle porte sa récompense avec elle, et le plaisir de faire le bien en est le plus agréable prix.

Mais ce qui provoque la peine que vous avez à vous y porter, c'est que vous avez contre vous toutes vos inclinations. Vous ne pouvez être juste qu'en combattant contre vous-même, vous ne pouvez être reconnaissant qu'en trahissant vos sentiments, vous ne pouvez être libéral qu'en vous arrachant le cœur et, pour tout dire en un mot, vous ne pouvez suivre la vertu qu'en vous abandonnant vous-même.

Songez pourtant, Théodat, que vous n'avez qu'un ennemi à dompter, entreprenez cette guerre si vous n'en croyez, et soyez assuré qu'elle vous sera glorieuse. Il ne faut point assiéger de ville, donner de bataille, souffrir les incommodités d'un voyage, dépenser vos trésors que vous aimez tant pour lever des armées, risquer votre vie en cette occasion, aller chercher votre ennemi en un pays fort éloigné, troubler ce profond repos dont vous faites vos délices, car enfin vous trouverez en vous-même, sans sortir de votre cabinet, votre adversaire et votre défense. Vos inclinations s'opposeront à votre raison mais, si votre volonté se range du parti le plus juste et que vous veuillez fortement disputer la victoire, vous n'aurez pas sitôt formé le dessein de vaincre que vous serez victorieux ou, pour m'expliquer plus clairement, vous n'aurez pas sitôt pris la résolution de quitter le vice et d'embrasser la vertu que vous serez vertueux.

Vous me direz, peut-être, que cette guerre civile, qui se passera sans autres témoins que vous-même, ne vous sera point glorieuse parce qu'elle ne sera point connue. Mais ne pensez pas, Théodat, que la vertu soit une chose que l'on puisse cacher. Vous ne serez pas sitôt de son parti que toute la terre le saura.

Vous n'amasserez plus de trésors que pour enrichir vos sujets, vous ne vous laisserez obliger que pour récompenser ceux qui vous obligeront, vous régnerez sur vos peuples avec autant d'équité que de clémence, vous serez vénéré par tous les princes, vos voisins, vous n'exilerez plus Amalasonte et votre nom passera avec la gloire, dans les siècles les plus éloignés du nôtre.

Voilà, Théodat, le fruit que vous pouvez remporter d'une victoire qui, ne dépendant point du tout du caprice de la fortune ni du son des armes, est absolument en votre pouvoir. Mais, pour vous laisser la liberté d'attaquer et de vaincre cet ennemi que j'ai couronné, je me retire et vous cède toute la gloire de ce combat.

Effet de cette harangue

Ce discours fit un effet sur la personne de Théodat, mais ce ne fut pas celui qu'Amalasonte en attendait. Ce monstre d'ingratitude et de cruauté ne se laissa pas, non plus, toucher aux larmes de cette reine qu'au souvenir des obligations qu'il lui avait, et comme il avait honte de la voir, il précipita son départ.

Son inhumanité ne demeura même pas encore là, car peu de jours après, il souffrit que les ennemis de la vertu de cette grande princesse allassent la poignarder dans sa prison. Mais ce tigre n'en demeura pas impuni, il ne jouit pas longtemps du fruit de ses crimes. Il perdit le sceptre et la vie, et sa mort, à raisonnablement parler, sur l'effet de cette harangue arma enfin ses justes vengeurs contre lui.

LUCRÈCE A COLATIN

Onzième harangue

Argument

Cette harangue n'aurait point besoin d'argument et personne n'ignore que Lucrèce ayant été violée par le jeune Tarquin, ne cacha ni son crime ni son malheur, qu'elle dit l'un et l'autre à son mari, et pour le porter à la vengeance, elle lui fit voir l'outrage qu'on lui avait fait, avec toutes les circonstances qui pouvaient le rendre plus grand.

Quoique cette aventure soit arrivée, il y a tant de siècles, et qu'elle soit presque aussi vieille que l'ancienne Rome, on n'a pu décider encore, si elle fit bien de se tuer, après son malheur, et si elle n'eût pas mieux fait de souffrir que Tarquin l'eût tuée et de mourir innocente, bien qu'elle n'eût pas été crue comme telle.

Ecoutez ses raisons, lecteur, et puisque sa cause est exposée aux yeux de tout l'univers et que tous les hommes sont ses juges, donnez votre voix après tant d'autres, et servez-vous d'un privilège qui est acquis à chacun, mais puisqu'elle va parler ne la condamnez pas sans l'entendre.

> *Arrête, arrête toi Lucrèce,*
> *Ta main commet un crime, en le pensant punir,*
> *Quel dessein t'oblige à finir ?*
> *Est-ce le remords qui te presse ?*
> *Le crime est dans la volonté,*
> *Et la tienne répond de ta pudicité.*

121

Lucrèce à Colatin

Hélas ! Est-il possible que Lucrèce puisse voir Colatin, sans oser l'appeler son mari ? Oui, la raison le veut et je ne m'y oppose pas. Non, Colatin, je ne suis plus votre femme, je suis une malheureuse que l'indignation des Dieux a choisie, pour être l'objet de la plus effroyable tyrannie dont on ait jamais entendu parler.

Je ne suis plus cette Lucrèce dont la vertu vous charmait plus que la beauté, je suis une infortunée que le crime d'autrui a rendue coupable.

Mais pour m'obliger à vous parler avec quelque tranquillité dans un trouble si grand, jurez-moi que vous vengerez l'outrage que j'ai reçu. Faites que je vois dans vos yeux le désir de la vengeance, montrez-moi le poignard qui doit effacer l'injure qu'on m'a faite, demandez-moi avec empressement le nom du tyran.

Mais hélas pourrais-je le dire ? Oui, Lucrèce, il faut aujourd'hui, pour ta justification et pour ton châtiment, que tu sois, tout ensemble, ton accusateur, ton témoin, ta partie, ton défenseur et ton juge. Vous saurez donc, Colatin, que cette Lucrèce, qui a toujours plus aimé son honneur que sa vie ni que la vôtre, dont la chasteté a toujours été sans tache, dont la pureté de l'âme est incorruptible, a souffert à votre place un lâche, un infâme, le fils d'un tyran et un tyran lui-même. Oui, Colatin, le perfide Tarquin que vous me nommiez votre ami, lorsque vous me l'amenâtes la première fois que je le vis, (Hé plût aux Dieux que c'eût été le dernier jour de ma vie !) ce traître, dis-je, a triomphé de la pudicité de Lucrèce.

En méprisant sa propre gloire, il a terni la vôtre en ternissant absolument la mienne, et par une cruauté qui n'eut jamais d'exemple, il m'a réduite au plus déplorable état où une femme, dont les inclinaisons sont toutes nobles, ne puisse jamais se trouver. Je vois bien, généreux Colatin, que mon discours vous étonne et que vous avez peine à croire ce que je dis, mais c'est pourtant une vérité constante.

Je suis témoin et complice du crime de Lucrèce. Oui, Colatin, puisque je vis encore, je ne suis pas innocente. Oui, mon père, votre fille est coupable d'avoir pu survivre à sa gloire, oui, Brutus, je mérite la haine de tous mes proches, et quand bien même je n'aurais commis autre crime que celui d'avoir donné de l'amour au cruel tyran qui, par l'outrage qu'il m'a fait, a, tout ensemble, violé le droit des gens, celui de l'amitié, offensé tout le peuple romain et méprisé les Dieux, ce serait assez pour mériter la haine de tout le monde. Hélas ! Est-il possible que Lucrèce ait pu inspirer de si lâches sentiments, que sa fatale beauté ait pu allumer une flamme qui devait la détruire elle-même ? Et que ses regards, étant si innocents, aient pu donner des désirs si criminels ? Mais quel étonnement est le tien, insensée que tu es ? Étonne-toi, plutôt, de ce que tu ne t'aies pas arraché le cœur avant ta suprême infortune.

C'était à cet instant, Lucrèce, qu'il fallait témoigner ton courage et l'amour que tu avais pour la gloire. Tu serais morte innocente, ta vie aurait été sans taches et les Dieux auraient, sans doute, pris soin de ta réputation. Mais, enfin, la chose n'est pas en ces termes. Je suis une malheureuse, indigne de voir la lumière, indigne d'être fille de Spurius Lucretius, indigne d'être femme de Colatin et indigne d'être romaine. Après cela, Colatin, je vous demande le châtiment que Lucrèce mérite. Privez-la de votre affection, effacez-la de votre mémoire.

Vengez l'outrage qu'on lui a fait, seulement pour l'amour de vous et non pas pour l'amour d'elle. Ne la regardez plus que comme une infâme, et quoique son infortune soit extrême, refusez-lui la compassion que l'on a pour tous les misérables. Que si, toutefois, il m'était permis, après avoir parlé contre moi, de dire quelque chose en ma défense, je dirais, Colatin, sans cacher la vérité, que je n'ai terni ma gloire que pour avoir trop aimé la gloire.

Les cajoleries de Tarquin n'ont point touché mon cœur et sa passion ne m'en a point donné, ses présents n'ont point suborné ma fidélité, l'amour ni l'ambition n'ont point ébranlé mon âme, et si je voulais parler pour moi, je pourrais dire seulement que j'ai trop aimé ma réputation. Oui, Colatin, le crime de Lucrèce est d'avoir préféré sa renommée, à la véritable gloire. Lorsque l'insolent Tarquin vint dans ma chambre que, m'étant éveillée, je le vis un poignard à la main et que, me l'ayant porté à la gorge pour m'empêcher de crier, il commença à me parler de la passion qu'il avait pour moi, les Dieux savent quels furent alors mes sentiments et si la mort me parut effroyable.

Dans cet état, je méprisais également les prières et les menaces du tyran, ses offres et ses demandes furent également rejetées. L'amour ni la crainte n'eurent point de place en mon âme, la mort ne me fit point d'effroi, et bien loin de l'appréhender, je la désirais plus d'une fois.

Ma vertu n'eut rien à combattre en cette occasion, je n'hésitai point à préférer la mort à l'amour de ce tyran, et je ne connais point de supplice effroyable que je n'eusse souffert avec joie, pour pouvoir sauver mon honneur.

Mais lorsque ma constance eut lassé la patience du tyran, qu'il eut vu que ses prières, ses larmes, ses présents, ses promesses, ses menaces et la mort même ne pouvaient toucher mon cœur, ce barbare, inspiré par les Furies, me dit que si je résistais encore à sa volonté, non seulement il me poignarderait mais que, pour me rendre infâme à la postérité, il poignarderait aussi un esclave qui l'accompagnait afin que, le laissant mort dans mon lit, on pût croire que j'eus oublié ma gloire pour cet esclave et que lui témoignant du zèle qu'il avait pour vous, nous eut punis comme étant coupables d'un même crime.

J'avoue avec honte que ce discours fit, en mon esprit, ce que n'avait pu la certitude de la mort, je perdis la raison et la force, je cédai au tyran, et la crainte d'être tenue infâme est la seule chose qui me l'a rendue.

Non, Colatin, je ne pus souffrir qu'on eût pu accuser Lucrèce d'avoir manqué à son honneur, que sa mémoire eût été éternellement ternie et, la pensée, qu'elle vous serait exécrable, fut ce qui m'empêcha de mourir en cet instant et ce qui m'a fait vivre jusqu'ici.

Je fis tout pour m'opposer aux violences du tyran, excepté que je ne me tuai pas. Je voulus vivre, pour conserver ma réputation et pour ne pas mourir sans vengeance, et une fausse image de la véritable gloire s'emparant de mon esprit, me fit commettre un crime dont j'avais peur d'être accusée.

Les Dieux me sont, pourtant, témoins que mon âme et ma volonté sont toutes pures, mon consentement n'a rien contribué à cette funeste aventure, ni en son commencement, ni en son progrès, ni en sa fin.

Vous savez, généreux Colatin que, lorsque vous amenâtes le tyran comme votre ami, je ne causai pas volontairement son injuste passion, à peine levai-je les yeux pour le regarder. Et cette illustre victoire, que ma modestie vous fit remporter en cette journée, doit assez vous faire souvenir que je ne me suis pas attiré le malheur qui m'est advenu.

Depuis cela, je n'ai point vu le traître Tarquin, jusqu'au funeste jour où il a triomphé de la vertu de Lucrèce.

Mais, que dis-je ? Les tyrans n'ayant point de pouvoir sur la volonté, je suis encore cette même Lucrèce qui aimait tant la gloire, puisqu'il est certain que la mienne est toute innocente. Les larmes, que je répands, ne sont pas un effet de mon remords, je ne me repens pas de la faute que j'ai faite, mais seulement de n'être pas morte avant celle d'autrui. Nous étions deux à ce crime mais un seul est criminel, et ma conscience ne me reproche rien que d'avoir préféré ma réputation et la vengeance à une mort glorieuse.

Ce qui a fait mon malheur est que j'ai cru que la gloire de ma mort ne serait pas connue. J'ai douté de l'équité des Dieux en cette occasion et, sans me souvenir qu'ils font des miracles quand il leur plaît et qu'ils sont les protecteurs de l'innocence, j'ai vécu plus que je ne devais puisque j'ai survécu à ma chasteté.

Ne pensez pas, Colatin, que j'amoindrisse mon crime, pour apaiser votre fureur. Je vois, dans vos yeux, plus de colère contre Tarquin que de haine pour Lucrèce. Vous me plaignez sans doute plutôt que de m'accuser, et toutes les actions de ma vie passée aident à me justifier dans votre âme. Et puis, comme je l'ai déjà dit, quoique je sois une coupable involontairement, je consens néanmoins que Colatin ne m'aime plus. Ce n'est donc point pour vous fléchir que je parle ainsi, mais seulement pour vous porter plus ardemment à la vengeance.

Il me semble, qu'en me justifiant, je noircis davantage le tyran, que plus je parais innocente plus il paraît coupable, que plus je suis malheureuse plus il mérite de l'être et que plus je verse de larmes plus vous le ferez verser de sang. Voilà, Colatin, la cause de mon discours, de mes larmes et de ma vie.

Faites que je n'aie pas vécu infâme inutilement, songez à la vengeance, généreux Colatin, pensez à ce que vous êtes et à ce qu'est votre ennemi ou, pour mieux dire, l'ennemi public. Vous êtes romain, vous êtes vertueux, vous êtes noble et, si je ose encore le dire, mari de Lucrèce. Mais lui, il est de race étrangère, il est fils et petit-fils de tyrans.

Le superbe Tarquin, comme vous savez, n'est monté sur le trône qu'après l'avoir arraché à un prince vertueux dont il avait épousé la fille. Le sceptre qu'il tient a coûté la vie à celui qui le portait avant lui, et pour s'assurer la domination, il a commis plus de crimes qu'il n'a de sujets. Voilà, Colatin, quel est le père de mon ravisseur.

Sa mère, si je ne me trompe, ne le rend pas plus considérable. Car, enfin, je ne saurais croire que le fils de l'infâme Tullia, qui osa pousser son char sur le corps de son père, pour arriver au trône où elle aspirait, n'ait autant d'ennemis à Rome qu'il y ait d'hommes vertueux.

Et puis, la vertu de Sextus Tarquinius n'a pas effacé les crimes de ses pères, la plus belle action qu'il ait faite est d'avoir trahi tout un grand peuple qui se confiait en lui.

Voilà, Colatin, quel est votre ennemi, allez donc, allez donc l'attaquer courageusement. Vous n'aurez pas sitôt dit l'outrage qu'il m'a fait que vous aurez tous les Romains de votre parti. Cela leur sera tout ensemble, une cause commune et personnelle. Ils craindront pour leurs femmes, pour leurs filles et pour leurs sœurs. Ils regarderont, tous, le traître Tarquin comme leur ennemi, et s'il reste encore quelques uns qui le suivent, ce seront sans doute des lâches et des efféminés qui ne seront pas difficile à vaincre.

Le sénat n'attend qu'un prétexte pour se déclarer. Le peuple est ennuyé des chaînes qu'il porte, il chérira la main qui le détachera,

126

et l'équité des Dieux favorisant votre parti, vous verrez que les parents même du tyran lui arracheront la couronne de dessus la tête. Oui, je vois que Brutus m'écoute, avec intention de venger mon outrage. Il vous suivra sans doute dans un si généreux dessein, et si la confiance que j'ai au Ciel ne me trompe, je vois déjà le superbe Tarquin chassé de Rome, son infâme fils mourir de quelque main inconnue et tomber tout sanglant dans la poussière. (Car je doute si les Dieux permettront qu'il meure d'une main si illustre que la vôtre.)

Oui, Colatin, la victoire est à vous, je vois déjà tous les soldats qui se révoltent et tous les citoyens qui se mutinent. La haine du tyran et le désir de la liberté les pousseront également, et veuillent les Dieux que je sois la victime qui obtienne, de leur bonté, la liberté de la patrie. Oui, Colatin, tous les soldats, qui sont dans son camp et qui combattent aujourd'hui sous ses insignes, lui deviendront plus ennemis que ne le sont ceux d'Ardée qu'il assiège présentement.

Allez, donc, faire savoir partout mon infortune et croyez, Colatin, que vous ne publierez pas mon crime, mais celui de Tarquin seulement.

Et puis, je suis bien certaine de n'entendre pas ce que le peuple en dira car, après avoir été moi-même mon accusateur, mon témoin, ma partie et mon défenseur, il faut que je sois encore mon juge et mon bourreau. Oui, Colatin, il faut que je meure et ne me dites point que, puisque ma volonté est innocente, je dois vivre pour avoir le plaisir de voir de quelle façon vous me vengerez. Il suffit que vous me le promettiez et c'est par là, que je pourrais mourir avec douceur mais je ne pourrais jamais vivre avec plaisir. Il y a une Lucrèce, en moi, que je ne puis souffrir. Il faut que je m'en sépare, elle m'est insupportable, je ne puis la voir, je ne puis l'endurer. Je dois son sang à la justification de l'autre et à la vengeance que vous voulez prendre.

Lorsque le peuple de Rome verra Lucrèce poignardée de sa propre main, pour ne pas survivre à son infortune, il croira plus facilement qu'une femme, qui a plus aimé la gloire que sa vie, n'a pas été capable d'y manquer volontairement. Cette dernière action

127

justifiera toutes les miennes, il naîtra des soldats du sang que je répandrai, pour vous aider à punir mon tyran, et ainsi j'aiderai moi-même à me venger. Mes larmes auraient sans doute moins d'effet, et puis, quoique je sois malheureuse, j'ose croire que ma mort vous touchera. Oui, Colatin, oui mon père, ma perte vous sera sensible et, vous trouvant obligés de venger, tout à la fois, et l'honneur et la vie de votre femme et de votre fille, vous serez encore plus irrités contre le tyran.

Ne me dites, donc, point que ma mort est inutile ni qu'elle peut être mal expliquée. Non, ceux qui jugeront sainement des choses ne la prendront point pour un effet de mon crime. Le remords fait d'ordinaire plus verser de larmes que de sang, et la mort, si je ne me trompe, n'est le remède que des généreux ou des désespérés.

Le repentir est toujours une marque de quelque faiblesse, et quiconque est capable d'en avoir ne peut vivre, après avoir failli. J'ai, pour moi, l'autorité de tous les siècles qui fait voir que presque toujours ceux qui ont employé leur main, contre leur vie, ne l'on fait que pour se dérober à la cruauté de la fortune, pour éviter une mort honteuse ou pour s'empêcher d'être esclaves et non pas pour se punir. Quand nous avons failli, nous nous sommes toujours jugés favorables, et peu de gens se sont eux-mêmes condamnés à la mort.

Qu'on ne me dise donc point que le sang, que je verserai, sera une tache à ma vie plutôt que d'effacer celle que le tyran y a faite. Non, Colatin, mon intention est trop pure et les Dieux sont trop équitables, pour permettre que tous les hommes soient injustes envers moi. Je ne finis ni par remords ni par désespoir, je finis par raison. Je vous ai dit mes raisons, ne vous opposez donc plus à mon dessein, car aussi vous ne le pourriez empêcher. Pensez à la vengeance et non pas à ma conservation, puisque l'une peut vous être glorieuse et que l'autre vous serait inutile. Du reste, l'exemple de Lucrèce ne persuadera jamais les dames romaines de survivre à leur honneur. Il faut que je justifie l'estime qu'elles ont toujours eue de ma vertu.

Je dois la perte de ma vie à ma propre gloire, à celle de ma patrie, à celle de Spurius Lucretius et à celle de Colatin. Mais, comme je ferai ce que je dois en cette occasion, faites la même chose après ma mort. N'oubliez rien pour me venger, employez le fer, le feu et le poison, toutes les violences sont justes contre les usurpateurs. Il faut joindre l'artifice à la force quand la valeur ne suffit pas pour les perdre. Songez à la justice de votre cause, souvenez-vous de la chasteté de Lucrèce, de l'amour que vous avez toujours eue pour elle et de celle qu'elle a eue pour vous. N'oubliez jamais la passion qu'elle a toujours eue pour la gloire et la haine qu'elle a toujours eue pour le vice.

Croyez-là plus malheureuse que coupable, et de toutes ces choses, généreux Colatin, formez-en, dans votre esprit, une haine irréconciliable pour le tyran. Mais pour ne pas retarder p davantage une si noble vengeance, allez, Colatin, allez, je finis ce funeste discours, en finissant ma vie. Et voici un poignard pour me punir et pour vous montrer comme il faut transpercer le cœur du tyran.

Effet de cette harangue

L'effet de cette harangue fut la fuite de Tarquin, le bannissement de son père, la perte de son royaume et le commencement de la république Romaine. Il en coûta la vie et la couronne au ravisseur de Lucrèce, et jamais crime ne fut mieux puni, jamais outrage ne fut mieux vengé. La mort de cette chaste infortunée mit les armes à la main de tout un grand peuple, son sang produisait l'effet qu'elle en avait attendu et le nom de Tarquin fut si odieux à tout le monde que, ne pouvant même le souffrir en la personne de l'un de ceux qui avaient aidé à chasser les tyrans, il fut obligé de le changer.

VOLUMNIE A VIRGILE

Douzième harangue

Argument

Puisque Coriolan eut donné la paix à Rome par les prières de sa mère, il sut ramener l'armée des Volsques, en leur pays, et voulut faire approuver à ce peuple la générosité de son action. Mais Tullus qui ne l'aimait pas, parce qu'il avait autrefois été vaincu pendant qu'ils étaient de partie contraire, suscita quelques séditieux qui, lorsqu'il voulut se justifier en pleine assemblée, l'empêchèrent de parler et le tuèrent finalement au milieu de ce tumulte.

Cette nouvelle ayant été portée à Rome, toutes les dames de la ville se rendirent aussitôt, auprès de la mère et de la femme de ce généreux ennemi, et cette première, prenant la parole, leur parla à peu près de cette sorte, si les conjectures de l'Histoire ne me trompent.

> *Cette mère affligée et d'ennuis poursuivie,*
> *Tint toujours de son fils le bon et mauvais sort,*
> *Elle fut cause de sa vie,*
> *Elle fut cause de sa mort.*

Volumnie à Virgile

Ne me regardez plus, Virgile, comme la mère de Coriolan, votre mari, je suis indigne de ce nom, vous devez raisonnablement avoir autant de haine pour moi que cet Illustre infortuné avait autrefois d'affection. Souvenez-vous de cette fameuse journée où j'employai mes larmes pour le désarmer, je pleurai, je criai, je commandai et je n'oubliai rien de tout ce qui pouvait fléchir un fils magnanime et généreux. Je demandai grâce pour des ingrats, je me rangeai du

partie des ennemis des Coriolan, et quoique la victoire lui fût
assurée, qu'il fût prêt à se venger de ceux qui l'avaient exilé et qu'il
tînt presque, à la chaîne, ceux qui l'avaient outragé, ce grand cœur,
que rien n'avait pu toucher, le fut finalement par sa mère. Je
vainquis en lui le vainqueur de Rome et obtins, pour mon malheur,
tout ce que j'avais demandé.

Vous le savez, Virgile, aussi bien que moi, aussi me souviens-je
de toutes ces choses que pour redoubler ma douleur. Hélas ! Il me
semble que j'entends encore la voix de Coriolan ! Lorsqu'en jetant
ses armes, pour venir m'embrasser, il s'écria en soupirant, ô mère,
que m'as-tu fait ! Tu as remporté une victoire bien glorieuse pour toi
et bien heureuse pour ta patrie, mais bien malheureuse pour ton fils.
Hélas, Virgile, ce discours n'a été que trop véritable ! Car ces mêmes
armes, qu'il jeta pour venir à moi, ont été utilisées contre lui.

Les Volsques prirent dès lors, les poignards qui lui ont traversé le
cœur, ce fut moi qui leur en fis prendre le dessein, je fus de la
conspiration qu'on a faite contre lui. Car après avoir surmonté mon
fils, je l'ai livré tout désarmé qu'il était entre les mains de ses
ennemis.

Et pouvais-je penser, insensée que j'étais, que la chose dût arriver
autrement ? Etais-je Mère de tous les Volsques, pour croire qu'ils
voulussent céder, pour l'amour de moi, la victoire qu'ils étaient
prêts à remporter ? Quel droit avais-je de leur demander la liberté
de Rome, leur ennemie ? Devais-je pas penser qu'ils vengeraient,
sur mon fils, la perte que je leur causais ?

Ah oui, Virgile, je devais penser toutes ces choses ! Et si Coriolan
ne pouvait revenir à Rome, il fallait du moins être compagne de sa
disgrâce et comme il avait surmonté son ressentiment par ma considération, il fallait quitter mon pays pour l'amour de lui. Cependant nous n'en usâmes pas ainsi. Je laissais partir Coriolan environ-
né de ceux qui lui ont fait perdre la vie et je revins dans Rome,
comme en triomphe, jouir du fruit de cette funeste victoire.

Lorsque le sénat nous demanda, à notre retour, ce que nous
voulions pour récompense de notre action, il fallait, Virgile, lui
demander le retour de Coriolan et non pas, comme nous fîmes, la

permission de faire bâtir un temple à la fortune féminine. Il paraît bien que cette divinité n'a pas approuvé notre zèle puisqu'elle nous est si contraire.

Les Dieux eussent été sans doute, plus agréable, que nous eussions été reconnaissantes envers Coriolan. Ce temple, que l'on nous a bâti, est un effet de notre vanité et non pas de notre gratitude, nous cherchions notre gloire et non pas celle de notre libérateur, quoiqu'à dire vrai, il la méritât mieux que nous.

C'était à la vertu de mon fils qu'il fallait élever des autels et non pas à la nôtre, et celui qui avait su vaincre son ressentiment, délivrer son pays et céder la victoire aux larmes de sa mère méritait, sans doute, mieux que nous l'honneur qu'on nous a rendu.

Sa piété devait, il me semble, avoir un plus favorable traitement du ciel, car encore qu'il y ait des Romains assez injustes pour dire que Coriolan ne devait quitter ses armes que pour la seule considération de la patrie et non pas pour la mienne et que, par conséquent, il y a eu plus de faiblesse en son action que de générosité, je ne suis pas de leur avis et j'espère que la postérité sera du mien. Cette forte passion qu'inspire la naissance, en ceux qui ont l'âme bien faite, n'est pas causée par la situation des lieux où nous naissons. Le même soleil éclaire tout l'univers, nous jouissons partout des éléments, et s'il n'y avait point de plus puissante raison que celle-là, elle serait sans doute bien faible.

Mais ce qui fait que nous aimons notre pays, c'est que nos citoyens sont tous nos parents ou nos alliés. Le droit du sang ou celui de la société civile nous attache à eux, la religion, les lois, les coutumes, que nous avons en commun, font que nos intérêts sont communs, mais le premier sentiment que la nature donne, à ceux qui aiment leur pays, c'est de l'aimer principalement parceque leurs pères, leurs mères, leurs frères, leurs sœurs et leurs parents y sont.

Oui, je suis bien certaine que le plus zélé de tous les Romains, revenant à Rome après un long voyage, ne regardera pas plutôt le Capitole que l'endroit de la ville où son père, où sa femme demeurent. Cela étant ainsi, qu'on ne s'étonne plus si Coriolan ne se soit laissé fléchir qu'à mes larmes, car à qui d'entre les Romains se serait-il rendu ? Tous ceux qu'on lui envoyait l'avaient outragé, il ne voyait en aucun d'eux, la marque d'un véritable romain. Ils étaient tous ingrats envers lui, il ne pouvait, en eux, reconnaître sa patrie, il voyait seulement les murailles de Rome mais il ne voyait pas les amis qu'il y avait eus autrefois.

La crainte faisait parler tous ceux qu'on lui envoyait, et ce ne fut que par moi seulement qu'il sut qu'il y avait encore, à Rome, quelque chose qui lui devait être en vénération.

Hélas ! Est-il possible qu'une piété si extraordinaire ait été si mal récompensée, qu'un homme si courageux ait fini si pitoyablement ses jours ? Qu'il ait été assassiné par ceux qui l'avaient choisi pour leur chef, et que le lieu de son asile ait été celui de son supplice ? Hélas ! Est-il possible dis-je, que mes intentions ayant été si pures et si innocentes, il en ait résulté un accident si funeste ? Cependant, Virgile, les Dieux ont permis toutes ces choses, et je n'en vois pourtant point d'autre raison, sinon que Coriolan et moi avions trop obligé les Romains qui s'en étaient rendus indignes.

Mais, enfin, Coriolan est mort et mort seulement pour l'amour de Volumnie. Sa fin a, toutefois, cet avantage qu'elle a fait verser des larmes à ceux qui l'ont causée car les Volsques, après la chute de leur chef, l'ont eux-mêmes relevé avec honneur. Ils n'ont pas sitôt vu son sang qu'ils ont vu leur crime, et des mêmes armes qu'ils avaient employées pour lui faire perdre la vie, ils en ont élevé un trophée à sa gloire.

Ils lui ont fait des funérailles d'un vainqueur. Sa mémoire est chère parmi eux, ils ont mis sur son tombeau, quantité d'enseignes et toutes ces glorieuses dépouilles qui ont l'habitude de marquer la valeur des illustres morts sur lesquels on les met. Et Rome, qui doit sa liberté à Coriolan, apprend sa mort sans en faire un deuil public ! Elle ne se souvient plus qu'elle était perdue et qu'elle était esclave sans lui, tous les Romains lui ont été ingrats tant qu'il a vécu, ils le seront encore après sa mort.

Ils ne le regardent pas tant comme leur libérateur que comme leur ennemi, ils se souviennent plutôt des chaînes qu'il leur préparait que de celles qu'il leur a ôtées, et la crainte qu'ils ont eue autrefois de le voir entrer à Rome, dans un char de triomphe, fait qu'ils sont bien contents de savoir qu'il est, aujourd'hui, dans le cercueil.

Et moi, je vous avoue, qu'encore qu'on ne doive jamais se repentir d'un bienfait, je ne peux pas m'empêcher de souhaiter que Rome fût captive et que Coriolan fût vivant.

La vertu de Brutus, qui vit mourir ses enfants sans douleur, n'est point de ma connaissance, cette dureté de cœur tient plus de la férocité que de la grandeur de courage. Il est des larmes justes et la compassion n'est point contraire à la générosité et lorsque je disais à Coriolan que j'aurais mieux aimé mourir que le voir vainqueur de Rome, je ne disais rien contre la vérité, mais lorsque je dis aussi que je voudrais être morte et que mon fils fût vivant, je ne dis rien contre l'équité naturelle ni contre Rome. Je donne à la nature et à la raison ce que je ne saurais leur refuser et je n'ôte rien à la république.

J'ai sacrifié mon fils pour elle, c'est à elle, aussi, à souffrir du moins que je pleure sur la victime que j'ai immolée pour sa conservation, et qu'après avoir fait tout ce qu'une véritable Romaine pouvait faire, je fasse, ensuite, tout ce que la douleur peut exiger de la tendresse d'une mère.

Toutes celles qui perdent leurs enfants ont toujours une juste raison de pleurer, elles ont néanmoins, pour leur consolation, la liberté de faire des imprécations contre ceux qui leur ont fait perdre la vie. Mais moi, non seulement je pleure la mort de mon fils mais je pleure aussi de l'avoir fait mourir, et pour augmenter ma douleur, il y a une vertu austère qui ne veut pas que je me repente de ce que j'ai fait.

Ô mon fils ! ô mon cher Coriolan ! Puis-je suivre un si barbare sentiment ? Non, il est trop contraire à la raison et à la nature, il faut que je me plaigne et il faut que je pleure, jusqu'à la mort, la perte que j'ai causée.

Ce n'est pas l'ennemi de Rome que je regrette, c'est celui qui a prodigué son sang pour sa gloire en tant d'occasions, qui l'a servie dix-sept ans à la guerre, avec une ardeur incomparable, et qui n'a eu pour récompense que les blessures dont son corps était couvert.

Du reste, illustres dames romaines, la naissance de cet homme ne le rend pas indigne de vos larmes, il était issu d'un de vos rois et Ancus Martius, son prédécesseur, ayant porté la couronne, il semblait qu'il eût plus de droit qu'un autre aux honneurs de la république, puisqu'il était incapable de mal en user.

Mais ce fut, peut-être, pour cette raison (me dira quelqu'un) que les Romains lui refusèrent le consulat, de peur qu'il ne s'en servît comme d'un moyen pour remonter au trône de ses pères. Non, cette raison ne saurait être bonne et pour connaître les intentions de Coriolan, il ne faut que se souvenir de toute sa vie.

A la bataille que l'on donna contre Tarquin le superbe, il fit bien voir que toute son ambition n'allait qu'à mériter la couronne de chêne que le dictateur lui mit sur la tête, sans songer à celle de ses prédécesseurs. Car voyant un de nos citoyens jeté à terre, il se mit au devant pour lui servir de bouclier et couvrant son corps avec le sien, il le sauva du péril et retrouva, si bien, toutes ses forces et toute sa valeur qu'il donna la mort à celui qui voulait causer la sienne.

Si les Romains eussent agi avec raison contre Coriolan, cette seule action suffisait pour les empêcher de le vouloir faire passer pour un tyran, puisqu'il n'est pas croyable qu'il se fût tant exposé pour sauver une si petite partie d'un si grand corps, s'il eût été capable de former le dessein de le détruire un jour tout entier.

Mais ce n'est pas dans cette seule circonstance qu'il a fait paraître son zèle pour la république.

Ne s'est-il pas trouvé dans toutes les occasions qui se sont offertes ? Ne s'est-il pas signalé en toutes les batailles qui se sont données ? N'est-il jamais revenu, dans Rome, sans lui rapporter quelques dépouilles de ses ennemis ou sans revenir tout couvert de leur sang ou du sien ? Voilà, Virgile, quel était votre mari, voilà illustres Romaines, quel était mon cher Coriolan qui, dans toutes les actions de guerre qu'il a faites, n'a jamais été vaincu excepté par moi.

Même les Volsques qu'il a commandés, depuis, ne le jugèrent digne de cet emploi que parce que ce fut de sa main qu'il leur arracha la victoire qu'ils étaient prêts à remporter. Malgré la résistance de Lartius, il voulut donner un assaut à la ville de Corioles et fut repoussé, si courageusement, par les assiégés qui mirent toutes nos troupes en fuite et toute l'armée en déroute.

Ce fut à cette rencontre que la passion, qu'il avait toujours eue pour la gloire de l'empire Romain, lui fit surpasser ses propres forces et que, par son exemple, il força quelques-uns des nôtres à tourner tête à l'ennemi. Ce généreux dessein lui réussit si heureusement qu'il le repoussa jusqu' au pied des murailles de la ville, et non content d'une si belle action, il voulut persuader à ceux qui l'avaient fui que les portes de Corioles n'étaient pas tant ouvertes pour ceux qui fuyaient que pour les y faire entrer.

Mais voyant que leur crainte était plus puissante que son discours et qu'ils songeaient plutôt à la retraite qu'au combat, l'infortuné que je regrette ne cessa pas de suivre son dessein. Ce fut là qu'il se vit presque tout seul combattre, contre tous les habitants d'une ville qui combattaient en désespérés.

Ce fut là que sa hardiesse porta la terreur parmi les ennemis, que son exemple remit la valeur dans l'âme de nos légions et que, par la force de son bras, il les fit entrer dans cette ville forcée et les rendit enfin victorieux de ceux qui venaient de les vaincre. Ce fut, donc, seulement par son courage que Lartius eut loisir de rallier ses troupes pour aller recueillir le fruit de la victoire, en achevant ce qu'il avait si heureusement commencé.

Mais comme il n'ignorait pas que le consul Comminius, qui commandait la moitié de l'armée romaine, pouvait être aux mains avec ceux qui venaient pour secourir la ville qu'il venait de prendre, il reprit aigrement ces mêmes soldats qui, n'ayant pas voulu partager le péril avec lui, s'amusaient à partager le butin qu'il leur avait acquis. Ce fut en vain, toutefois, qu'il leur opposa et la honte et la gloire, en sorte que, voyant leur lâcheté, il les abandonnât. Et suivi seulement de ceux qui, de leur propre volonté, voulurent l'accompagner (qui furent en bien petit nombre), il alla en diligence chercher une nouvelle matière à sa valeur. Il arriva justement au camp, sur le point où Comminius allait présenter la bataille à l'ennemi, et comme il était tout couvert de poussière et de sang, son abord donna quelque frayeur au consul.

Mais il n'eut pas sitôt rendu compte de l'action qu'il venait de faire, que la nouvelle de cette première victoire fut un présage de la seconde. Tous les soldats ranimèrent l'ardeur qu'ils avaient de combattre, l'espérance et la joie parurent sur leurs visages et, par sa seule vue, on lui vit chasser de leurs cœurs la crainte qui s'en était emparée.

Pour mon fils, comme il eût été préférable que quelqu' autre eût mieux servi la république en cette journée, après avoir demandé au consul quelles étaient les meilleures troupes de l'ennemi et qu'il eut su que celles des Antiates étaient, sans doute, les plus courageuses, puisque les Volsques les avaient placées au front de la bataille, il lui demanda, pour récompense de la prise de Corioles, la permission de les combattre.

Vous savez, illustres Romaines, qu'il obtint en cette occasion ce qu'il demanda, que son bras conduit par les Dieux eut la gloire de rompre le premier des escadrons de l'ennemi, qu'il fut seul à attaquer une armée, pour montrer aux Romains comme il faut mépriser sa vie pour se rendre maître de celle d'autrui et que cette valeur prodigieuse eut un succès qui le fut aussi. Or la victoire s'étant déclarée pour nous, le consul pria mon fils de considérer l'état où il était et de se souvenir que, par les blessures qu'il avait reçues, son sang coulait avec celui des ennemis.

Mais il lui répondit que ce n'était pas aux victorieux à se retirer, à la suite de quoi, joignant les effets aux paroles, il poursuivit ceux qui fuyaient jusqu'à la nuit, et comme il avait été le premier au combat, il fut le dernier à la retraite.

On me dira, peut-être, que le désir de la récompense inspirait cette valeur à mon fils, mais personne ne peut ignorer qu'il ait refusé toutes celles qu'on lui présenta. Au contraire, sa modération fut si grande, qu'après avoir forcé une ville, fait gagner une bataille, sauvé l'honneur de l'armée et de la république, il ne demanda, pour récompense de tous ses travaux, que la liberté d'un seul homme qui, autrefois, avait été son hôte et son ami et qui lors était prisonnier de guerre parmi les Romains.

Je me souviens bien que le nom de Coriolan qu'il portait, (ô Dieux,

137

puisse-je parler en ces termes ?) Je me souviens bien, dis-je, que ce nom lui fut donné, en cette rencontre, pour éterniser son action. Mais je me souviens aussi que ceux mêmes, qui le nommèrent Coriolan, l'appelèrent depuis avec injustice le perturbateur du repos public, l'ennemi de Rome et le tyran du sénat.

Depuis cela, que n'a-t-il point fait encore, en une autre occasion ? Vous vous souvenez, sans doute, de cette funeste année où la famine pensa désoler Rome entièrement, où tout le peuple gémis-sait, où la faim faisait triompher la mort de tous les pauvres et où les plus riches même étaient exposés au même danger. Vous savez, dis-je, que ce fut Coriolan qui, par sa valeur et par son courage, ramena l'abondance dans Rome, redonna la vie au peuple, et tout cela au prix de son sang et sans ne vouloir d'autre récompense que celle d'avoir sauvé la vie à ses citoyens. Cependant pour prix de tant de services, de tant de belles actions, de tant de blessures qu'il avait reçues et de tant de sang qu'il avait répandu, comme il demanda le consulat qu'on avait accordé à beaucoup d'autres qui ne le méri-taient pas autant que lui, on le traita d'infâme et de criminel, on le mit, entre les mains des Aediles, comme le plus méchant des hommes et on l'exila de son pays.

Ô Ciel, puisse-je avoir demandé grâce, pour ceux qui avaient traité mon fils si indignement et ce fils infortuné a-t-il pu me l'accorder ? Du reste, après tant d'outrages que Coriolan avait reçus, que fit-il pour se venger ? A-t'on découvert qu'il ait voulu suborner quelques-uns de nos consuls ? A-t-il enlevé, en secret, quelqu'argent pour faire subsister l'armée des Volsques ? Leur a-t-il fourni des soldats ?

Non, Coriolan ne fit rien de toutes ces choses et il se contenta, pour se venger de Rome, de mettre seulement le plus fidèle de ses citoyens entre les mains de ses ennemis.

Que si le désespoir qui l'y porta, lui a réussi heureusement, s'il a plus trouvé d'humanité dans le cœur de Tullus, dont il avait été plus d'une fois l'ennemi triomphant, que dans l'âme de tout un peuple, pour la gloire duquel il avait vaincu ce même Tullus, voulait-on, dis-je, que, par une ingratitude extrême, il l'abandonnât dans une juste guerre qu'il avait entreprise à sa considération ?

Voulait-on, dis-je, que, pour mériter le mauvais traitement qu'il avait reçu de ceux qu'il avait servis, il eût trahi ceux qui le protégeaient et qui, par une confiance toute extraordinaire, l'avaient choisi pour être général de leur armée ? On me dira, peut-être, que Coriolan fit plus de mal aux Romains, en acceptant cet emploi que s'il eût suborné les consuls de Rome, qu'il en eût enlevé les richesses, qu'il eût fait soulever le peuple, mené une armée aux adversaires, puisqu'on a vu que sa seule personne, se rangeant du parti des Volsques, fit un changement entier à leurs affaires et que ceux qui, tant de fois, avaient demandé la paix à Rome ont été en état de l'acheter bien cher.

Or, qu'on ne s'imagine pas que cela ait été un simple effet de sa conduite et de sa valeur. Non, nos Dieux, qui sont les protecteurs de l'innocence, avaient sans doute guidé son bras pour abaisser l'orgueil de ceux qui, se croyant invincibles, ne craignaient plus d'outrager leurs alliés. Mais dans ces heureux succès, il n'avait pas oublié qu'il était né Romain et quoique les nobles l'eussent abandonné à la fureur du peuple, il ne cessa pas de conserver leurs maisons de campagne, malgré le désordre de la guerre. Il avait encore du respect pour ceux qui s'étaient rendus ses ennemis, et quoique sa fortune particulière fût en un déplorable état, il ne demanda jamais rien pour lui dans les articles qu'il proposa et ne demanda rien d'injuste pour les Volsques qu'il protégeait.

Voilà encore une fois, ô illustres Romaines, quel était Coriolan. Je reconnais mon fils à la peinture que je vous en ai faite, conservez-en l'image en votre cœur. Souvenez-vous que, sans sa générosité, la famine aurait fait périr vos pères, vos frères, vos maris, vos enfants et vous-mêmes, ou ce qui serait encore pire, que vous auriez été en une autre occasion, les compagnes de leurs chaînes et de leur servitude. N'imitons pas, généreuses Romaines, l'ingratitude de nos citoyens, éternisant la gloire de notre sexe à leur préjudice, et pour notre reconnaissance, couvrons-les de confusion.

Ce temple qu'on nous accorda, quand mon fils nous accorda notre grâce, ne nous sera point si glorieux que l'affection que vous témoignerez, à vouloir conserver la mémoire de Coriolan. Vous devez vos larmes à celui qui les essuya autrefois, et qui a rompu vos chaînes. Vous devez encore (si je ose le dire) adoucir, en quelque façon, l'amertume de ma douleur par celle que vous témoignerez de sa perte. J'ai immolé mon fils par l'amour pour vous, vous ne pouvez moins faire que de vous affliger par l'amour pour moi. Et comme vous eussiez toutes porté le deuil, sans la générosité de mon fils, il est bien juste que vous le portiez toutes pour honorer sa mémoire.

Allons donc, Virgile, allons, généreuses Romaines demander cette permission au sénat. Mais Dieu ! Est-il possible qu'il soit nécessaire de demander congé de porter le deuil de son libérateur ? Oui, la corruption du siècle le veut ainsi.

Allons, donc, encore une fois demander, avec des larmes, la dernière chose que nous pouvons demander pour mon fils, puisqu'il est mort. Car pour sa gloire, je suis bien certaine que Rome sera détruite, lorsqu'on parlera encore de Coriolan.

Effet de cette harangue

Elle obtint ce qu'elle leur demandait, toutes les dames romaines prirent le deuil et le portèrent dix mois, qui était le terme auquel elles étaient accoutumées à le porter de leurs pères et de leurs maris. Ainsi cet illustre Banny fut plus heureux après sa mort qu'il ne l'avait été durant sa vie, et le plus beau sexe en cette occasion fut le plus reconnaissant.

ATHÉNAÏS A THÉODOSE

Trézième harangue

Argument

Athénaïs, fille du philosophe Léontius, étant parvenue à l'empire par sa beauté et par les rares qualités de son esprit, ne jouit pas longtemps de sa bonne fortune. L'empereur Théodose, son mari, ayant eu quelque jalousie d'elle et d'un des principaux de sa Cour, nommé Paulin, le fit mourir et la priva de ses bonnes grâces.

Dans cet avis, on fit sentir, avec adresse, à l'infortunée Athénaïs qu'elle devait se retirer de la Cour, en sorte qu'étant elle-même assez ennuyée, elle demandât ce qu'elle obtînt et ce que l'on voulait qu'elle demandât, je veux dire la permission de s'en aller demeurer à Jérusalem. Ce fut donc, sur le point de son départ et dans ses derniers adieux, qu'elle parla à peu près en *ces termes, à l'empereur Théodose.*

> *Savante Athénaïs, à qui la destinée,*
> *Promit, dès la naissance, un pouvoir souverain,*
> *Elle est quitte aujourd'hui, te voilà couronnée*
> *Et tu tiens un sceptre à la main,*
> *Mais crains de perdre la couronne,*
> *Puisque c'est le sort qui la donne.*

Athénaïs à Théodose

Seigneurs, étant sur le point de quitter la Cour pour aller me confiner en Palestine, j'ose supplier votre majesté, par le très auguste nom de l'empereur Trajan dont elle est issue, par celui du Grand Théodose, son aïeul, par celui de l'équitable Arcadius, son père, et par celui du Grand Constantin dont elle tient le sceptre et

141

dont elle imite la piété, de me permettre aujourd'hui de vous dire tout ce que je pense et de ma fortune passée et de ma fortune présente, afin que je puisse, du moins, avoir la satisfaction en m'éloignant de vous de n'avoir pas entièrement abandonné mon innocence. Hélas ! Qui eût dit autrefois à la pauvre Athénaïs, lorsque le philosophe Léontius, son père, lui enseignait la vertu, que la sienne serait un jour soupçonnée, elle ne l'aurait pas pensé.

La simplicité de ses mœurs, le peu d'ambition qu'elle avait et les murailles de la cabane, qu'elle habitait, semblaient la mettre en sûreté contre la calomnie. L'innocence régnait en son âme, elle était contente de sa fortune, elle ne cherchait que l'acquisition des sciences et de la vertu, et le seul désir d'apprendre le bien et de le pratiquer était, tout ensemble, ses plaisirs et ses occupations.

Aussi n'est-ce pas Athénaïs qu'on accuse, c'est la malheureuse Eudoxie. C'est la femme d'un grand empereur, une personne exposée aux yeux d'une grande Cour, à qui la nature a donné quelques avantages et la fortune la première couronne du monde et l'amour du plus auguste prince de la terre. Toutes ces choses, invincible empereur, font que ma disgrâce est plus vraisemblable, les grandes infortunes ne se font voir que dans les maisons des grands princes. La foudre tombe, plus souvent, dessus les superbes palais des rois que dessus les cabanes des bergers, et la mer fait faire plus de naufrages que les rivières.

Il ne faut donc pas s'étonner, si Eudoxie est plus malheureuse qu'Athénaïs, quoiqu'elle soit aussi innocente et aussi vertueuse, sous le glorieux titre d'impératrice d'Orient, qu'elle l'était sous le nom que ses parents lui avaient donné.

Si la fortune, seigneur, ne m'avait ravi que les choses sur lesquelles sa domination s'étend, qu'elle m'eût arraché le sceptre que je porte après l'avoir reçu de votre main, qu'elle m'eût ôté la couronne que j'ai sur la tête, que vos peuples s'eussent mutinés contre moi et m'eussent fait tomber du trône, comme indigne d'y tenir ma place, je souffrirais cette disgrâce sans murmurer.

Oui, seigneur, cette aveugle si accoutumée à favoriser le vice, aux dépens de la vertu, qui ne fait des présents que pour les ôter, qui n'affermit les empires, que pour les détruire et qui renverse tout ce qu'elle établit, la fortune, en un mot, ne viendrait pas à bout de ma patience.

Je quitterais, sans regret, le sceptre, la couronne, le trône, la Cour et l'empire et toute cette pompe éclatante qui fuit la royauté, si je pouvais retourner dans ma solitude, avec votre estime et votre affection.

Ces deux choses, seigneur, si je ne me trompe, ne doivent point être sous la juridiction de la fortune, elle peut vous ôter le jour et l'empire, elle peut même vous faire esclave mais elle ne peut vous faire injuste. Vous êtes, seul, l'arbitre de votre volonté, de votre haine, de votre estime et de votre affection.

Ce noble privilège, que Dieu a donné à l'homme, d'être libre au milieu des chaînes et d'être maître absolu de ses sentiments fait que vous êtes obligé de répondre, exactement, des vôtres.

Cependant, seigneur, le respect que j'ai pour vous, fait que je n'ose vous accuser de ceux que vous avez pour mon bien que, certainement, mon innocence rend injustes, et c'est par ce respect que je me dis malheureuse plutôt que de vous appeler coupable.

J'accuse injustement la fortune d'une chose dont vous seul devez répondre, ce n'est point de sa main, à parler plus véritablement, que je tiens le sceptre que je porte, ce n'est point elle qui m'a mis la couronne sur la tête, sa roue ne m'a point jetée sur le trône, son caprice ne m'a point fait être votre femme. Toutes ces choses, seigneur, sont un effet de votre bonté, ou de mon mérite, ou de votre aveuglement.

Si c'est le premier, j'ai appris autrefois, de mon père, que le crime seul justifie le repentir, que c'est un sentiment que la vertu ne connaît pas et dont on ne se doit jamais servir qu'après une mauvaise action.

Si c'est le second, et que vous m'ayez estimée par la connaissance du peu que je vaux, ne m'ôtez pas, seigneur, ce qui m'appartient puisqu'étant la même que j'étais, vous êtes obligé d'être le même que vous étiez. Que, si vous me dites que je fuis l'erreur de votre jugement et que vous n'avez pas trouvé, en ma personne, le mérite que vous aviez cru y devoir rencontrer, je ne dispute point contre vous. Otez-moi tout ce que vous m'avez donné, mais ne m'ôtez pas l'innocence que je n'ai reçue que du ciel. Lorsqu'Athénaïs vint à votre Cour, sa réputation était sans tache, peu de gens en parlaient mais tous en disaient du bien. Aujourd'hui, tous les peuples en parlent selon leur caprice, sans que je sache pourtant ce qu'ils en disent car, pour vous parler sincèrement, ce n'est que par vous que je veux être justifiée.

Ceux qui font le bien, parce qu'il est bien et non pas parce qu'il doit être divulgué, ne se soucient guère de l'injustice que sa renommée fait à leur vertu. Ils trouvent leur satisfaction, en eux-mêmes, sans la chercher en autrui, et même les sages quelques fois sont très innocents et très heureux, bien que le vulgaire, qui ne juge que par les apparences, les croie coupables et infortunés.

Mais, seigneur, comme l'affection que vous avez eue pour moi et celle que j'ai pour vous vous ont rendu (si je l'ose dire) un autre moi-même, je dois justifier mes actions devant vos yeux. Souviens-toi, ma fille, me disait un jour mon père, de ne songer pas tant à acquérir l'estime des autres que tu ne songes encore davantage, à obtenir la tienne propre.

Sois toi-même ton juge et ta partie, pense à te satisfaire, examine tes sentiments, sonde jusqu'au fonds de ton cœur, pour connaître si la vertu en est maîtresse, mais ne te flatte point, penche plutôt vers la rigueur que vers l'indulgence.

Et lorsqu'après une exacte recherche de tes intentions, tu seras arrivée au point d'être satisfaite de ton âme, méprise la gloire du monde, moque-toi de la calomnie et sois plus contente d'avoir ton estime que si tu avais celle des plus grands princes de la terre.

Or, seigneur, pour cette raison, je ne puis être tranquille tant que la meilleure partie de moi-même ne me crois pas innocente. Souffrez donc, seigneur, que je passe exactement toutes les circonstances de disgrâce et cette chère partie de mon innocence, afin que je puisse m'en aller avec quelque tranquillité, en la solitude que je cherche.

Lorsque je vins à Constantinople, demander justice contre mes frères qui me refusaient mon droit sur la succession paternelle, la prudente Pulchérie, ne rejeta pas ma requête, elle m'écouta et, me faisant perdre ma cause avec avantage, me donna des biens qu'elle devrait m'avoir conservés. En ce temps-là, seigneur, il ne s'agissait que d'une pauvre cabane et de trois pierres de terre, pour me mettre à couvert de l'extrême nécessité, mais aujourd'hui qu'il s'agit non seulement de l'honneur d'Athénaïs, mais de celle d'Eudoxie votre femme, vous êtes obligé de l'entendre et de lui rendre justice.

Je pense, seigneur, que ce qui fait toute votre colère et toute ma douleur est que j'ai donné une chose que vous m'aviez donnée, et qu'ensuite, pour réparer une action qui ne vous plairait pas si vous la saviez, je réparais cette innocente erreur par un mensonge.

Voilà, seigneur, tous les crimes que j'ai commis, et la seule crainte de vous déplaire a fait que je vous ai déplu. Lorsque votre majesté me donna ce funeste fruit qui causa ma disgrâce, je le reçus avec joie et pour sa beauté extraordinaire, et plus encore, parce qu'il venait de votre main. Le plaisir que je pris à le voir me persuada qu'il était plus approprié au divertissement de la vue qu'à la satisfaction du goût, et ne pouvant me résoudre à le détruire, je cherchais ce que je pourrais faire d'un si agréable présent.

L'infortuné Paulin était malade, de sorte que, me venant à l'esprit de m'envoyer le visiter, j'aie cru ne pouvoir mieux employer l'aimable don, que vous m'aviez fait, qu'en donnant à une personne que vous prétendiez aimer plus que vous-même. Or, seigneur, Paulin ne fit pas un mystère de cette libéralité car, comme je ne lui avais pas mandé que je l'eus reçue de votre majesté, le même sentiment qui m'avait obligée à lui donner cette fatale pomme fit, sans doute, que pour me témoigner son estime pour le présent que je lui avais fait, il voulut la mettre en de plus dignes mains que les siennes.

Que, si vous me dites que m'ayant donné une chose, je ne devais jamais m'en défaire, parce que tout ce qui vient de la personne aimée doit être tenu aussi cher que la vie, j'en tomberais d'accord avec vous puisque c'est par là que je prétends me justifier.

Il y a pourtant une distinction importante à faire ici car, comme il y a une grande diversité dans les amours des hommes, les choses

145

que cette passion produit doivent aussi être toutes différentes.

L'amour d'un mari et d'une femme n'est plus celle d'un amant et d'une maîtresse, et quoique ce soient les mêmes personnes et que l'amour soit aussi ardente, dans leur cœur, qu'elle l'était auparavant leur mariage, leurs sentiments sont pourtant différents à plusieurs moments.

Ils ont plus de solidité et moins d'affection, et toutes ces folies que les amours criminelles produisent, tous les jours, ne se trouvent point en leur âme. Aussi, seigneur, si Paulin eût eu de la passion pour moi, il aurait gardé le présent que je lui avais fait avec soin et avec jalousie, puisqu'il est certain que ces sortes d'affections illégitimes (à ce que j'en ai ouï dire, depuis que je suis à la Cour), les moindres choses, qui viennent de la personne aimée, sont des trésors inestimables dont on ne se défait qu'avec la vie. Cependant, Paulin n'eut pas sitôt reçu ce présent de moi, qu'il vous l'envoya, et en cette occasion, on peut dire qu'il eut plus de dessein de vous plaire que de me contenter.

Et moi, seigneur, je n'avais garde de penser que vous pussiez trouver mauvais que j'eusse donné une chose, que vous m'aviez donnée, et que la libéralité fût une vertu que je ne pusse jamais pratiquer.

Car, seigneur, si je ne devais donner que ce que je n'ai pas reçu de vous, il faudrait que je me donnasse moi-même n'ayant rien apporté, à votre palais, que la simplicité et l'innocence que l'on veut me ravir aujourd'hui. Quoi, seigneur, ne vous souvient-il point que, des richesses innombrables que vous m'avez données, j'ai enrichi des villes tout entières, en diverses circonstances ?

Quoi, seigneur, Théodose aura permis que j'aie donné de l'or, des perles et des diamants à cent personnes qui lui étaient inconnues et eusse-je pu prévoir qu'il n'eût pas trouvé bon que j'eusse donné un simple fruit, à l'homme du monde qui l'avait le plus utilement servi et pour lequel il avait le plus d'affection ? Non, seigneur, cela n'était pas possible, et la prudente Pulchérie, toute clairvoyante qu'elle est et croit être et qui prévoit les choses de si loin, y aurait été trompée.

Car, seigneur, si je devais avoir soin de quelqu'un, après votre

146

majesté, ce devait être de Paulin, et si je l'ose dire, je lui devais plus qu'à mon père et plus qu'à votre majesté, mon père ne m'a donné que la vie et je n'ai reçu de vous que le trône. Je puis dire que Paulin, m'ayant inspiré les lumières de la foi, je lui avais plus d'obligation qu'à tout le reste de la terre. Oui, seigneur, je lui devrais le salut de mon âme et la béatitude éternelle, si l'innocence de la vie que je veux mener me la fait obtenir. Vous savez, seigneur, que ce fut lui qui me convertit, que tous vos docteurs n'avaient pu me convaincre, que lui seul me dessilla les yeux et me faisant voir l'absurdité de ma religion, me poussa à embrasser la vôtre.

Croyez donc, seigneur, que la naissance de votre amitié avait eu un commencement trop saint, pour être criminelle en son progrès. Et que celui qui m'avait ouvert les portes du ciel ne m'aurait jamais conduite au chemin de l'enfer. Et puis, seigneur, sachez que, quand Eudoxie serait encore qu'Athénaïs, qu'elle serait, dis-je, encore de cette religion où tous les crimes sont autorisés par l'exemple des Dieux qu'elle adore, elle n'en serait pas moins innocente.

La chasteté est une vertu qui a été connue de tous les siècles et de toutes les nations, elle est si essentielle en mon âme que rien ne l'en saurait chasser. Jugez donc, seigneur, si étant d'une religion où la modestie est récompensée, j'ai pu faire quelque chose contre ce que je vous dois et contre ce que je dois à moi-même.

Je pense, si je ne me trompe, que je vous ai fait savoir que je pouvais donner, sans crime, ce que vous m'avez donné et que je vous ai fait voir ensuite, avec assez de vraisemblance, que la libéralité de Paulin envers vous justifiait la mienne envers lui.

Maintenant, en ce qui concerne le mensonge que je fis, en vous disant que j'avais mangé ce fruit, il est certain que je ne peux nier que j'aurais mieux fait de vous dire la vérité mais, seigneur, toutes les imprudences ne sont pas des crimes. Lorsque vous me parlâtes en cette occasion, je vis tant d'altération sur votre visage et tant de colère dans vos yeux, que la crainte de vous fâcher s'empara de mon esprit et je perdis l'usage de la raison.

Considérez, Seigneur, que s'il y eût eu, entre Paulin et moi, quelque affection trop particulière, aussitôt que vous me parlâtes, j'eusse bien jugé que vous en eussiez su quelque chose, et cela étant, par une ingénuité apparente mais pourtant artificielle, je vous eusse dit que j'avais envoyé ce fruit à Paulin. Mais, comme je n'avais rien dans mon âme qui me reprocha aucune erreur, je dis un mensonge innocent, sans craindre qu'il fût mal expliqué. Je faillis de peur d'être accusée d'une faute, et une affection trop craintive a fait que j'ai perdu la vôtre.

Du reste, seigneur, comme j'étais pas préparée pour cette accusation et que le crime, dont on m'accusait, m'était inconnu, je ne vous répondis alors qu'avec des larmes. Mon silence et mon respect furent les seules couleurs que j'employai à ma justification. Une vertu un peu trop scrupuleuse et trop austère me fit croire que je me noircirais, en me justifiant d'une semblable chose, et je pense même que je ne vous en aurais jamais parlé, si je n'avais formé le dessein de m'éloigner de vous. Mais auguste empereur, je me repens de tout ce que j'ai dit, vous n'êtes point le sujet de ma disgrâce, je ne vous en accuse plus, je la reçois comme un châtiment de mes erreurs passées.

J'ai trop défendu la cause des idoles, pour gagner la mienne aujourd'hui, et il est bien juste, qu'après avoir si ardemment soutenu le mensonge, je ne sois pas crue lorsque je dis une vérité qui m'est importante. J'ai trop sacrifié à Jupiter et trop offert de victimes criminelles, pour ne pas expier cette faute, par quelque sacrifice innocent. Il faut que je sois moi-même ma victime en cette occasion et que, souffrant avec patience, je mérite le pardon de mes erreurs passées.

Ne croyez donc pas, seigneur, que j'emporte aucune aigreur dans mon âme, je vois bien, qu'encore que le voyage que je m'en vais faire soit entrepris par ma volonté, je vois bien, dis-je, que la permission, que l'on m'a donnée, m'a été accordée d'un façon qui pourrait me donner lieu de l'appeler plutôt un exil qu'un pèlerinage. Mais, cela ne m'empêchera point de prier Dieu, pour que le sang de Paulin ne soit pas un obstacle à la félicité de vos jours.

Je ferai même des vœux, pour le règne de la prudente Pulchérie, dont la piété approuve, sans doute, le lieu que j'ai choisi pour ma retraite. Je lui serai plus utile à Jérusalem qu'à Constantinople et, peut-être, plus agréable. Car pour reconnaître les dernières obligations que je lui ai demandées au ciel, qu'il lui donne le même repos dont je vais jouir dans ma solitude quoique, peut-être, ce ne soit pas la grâce qu'elle lui demande dans ses prières.

Du reste, seigneur, je ne vais pas si loin que la renommée ne puisse vous parler de moi et, si je ne me trompe, elle vous dira tant de choses sur l'innocence de ma vie que vous croirez qu'elle n'en a jamais manquée, et cette terre sainte que je vais habiter me fera obtenir du Ciel le plaisir et l'honneur de vous revoir.

C'est, seigneur, l'espérance qu'emporte, en son âme, une personne qui vivait contente dans une pauvre cabane. Une personne qui a reçu, sans orgueil, la première couronne du monde, qui quitte, sans regret, le trône le plus élevé qui soit sur la terre et qui n'a jamais rien aimé que l'empereur Théodose et la vertu.

Effet de cette harangue

Ce discours ne fut pas inutile, quoique l'effet en fût tardif. Il laissa des impressions de chaleur, dans l'âme de Théodose, qui rallumèrent enfin ses premières flammes. Athénaïs partit, il est vrai, mais elle revint avec gloire, elle vit à ses pieds, pour lui demander pardon, celui qui voyait la moitié de la terre aux siens. Et son innocence et sa réputation remontèrent sur le trône avec elle, après que le temps et la raison eurent rétabli la tranquillité dans l'âme de l'empereur.

PULCHÉRIE AU PATRIARCHE DE CONSTANTINOPLE

Quatorzième harangue

Argument

Athénaïs, étant rentrée en grâce auprès de l'empereur Théodose, son mari, par l'entremise de Crisaphius, ne fut pas sitôt revenue de la Palestine à Constantinople, qu'avant son nouveau pouvoir, elle y changea tout l'ordre des choses. Et, comme elle savait bien que Pulchérie ne s'était pas opposée à son éloignement, elle voulut que son retour ne lui fût pas si agréable que lui avait été son départ.

Elle fit donc que l'empereur, qui était charmé de la revoir, se résolut à ôter l'administration de l'Etat à la princesse, sa sœur, et qu'il commanda au patriarche de Constantinople d'aller la prendre et de la mettre parmi les vierges voilées. Cet ordre sembla si dur à Flavien qu'il ne put se résoudre à l'exécuter à la rigueur. Il fit donc secrètement donner avis à Pulchérie que, si elle ne s'absentait, il serait contraint de lui faire ce déplaisir. Cette princesse s'y résolut aussitôt, et sur le point de quitter la Cour, pour se retirer à la campagne, elle lui parla de cette sorte.

> *Voici la maîtresse des rois,*
> *Elle régnait sur eux, comme sur leur empire,*
> *Mais qu'est-ce que je veux te dire,*
> *De ce puissant esprit qui leur donnait des lois ?*
> *Vois toi-même ce que j'admire,*
> *Et prête l'oreille à sa voix.*

150

Pulchérie au Patriarche de Constantinople

L'avis, que vous m'avez donné, ne m'étonne ni ne m'afflige, j'ai bien prévu, sage Flavien, que le retour d'Eudoxie causerait le départ de Pulchérie. Et comme je suis accoutumée aux révolutions des choses du monde, je vois sans regret un changement qui, peut-être, ne sera désavantageux qu'à ceux qui le causent.

Cette mutation, si subite, est un effet de la malice de Crisaphius, de la bonté de Théodose et de l'ambition de l'impératrice. Qui eût dit autrefois, Flavien, que cette pauvre Athénaïs qui n'avait pas une cabane à se mettre à couvert, lorsqu'elle vint se jeter à mes pieds, eût dû porter la première couronne du monde sur sa tête, la chose aurait-elle été vraisemblable ? Mais ce qui est été plus étrange, qui eût pu penser que cette personne, que j'avais couronnée de mes propres mains, dût m'ôter avec violence les restes de l'empire que j'avais toujours, assez heureusement, tenus sous l'autorité de Théodose, depuis l'âge de quinze ans ?

Non, vénérable Flavien, je ne veux pas que la postérité puisse accuser l'empereur ni l'impératrice d'avoir exilé une princesse à qui, en quelque façon, ils doivent la couronne qu'ils portent. Car si je l'ai mise sur la tête d'Athénaïs, je l'ai affermie sur celle de Théodose.

Cette fameuse victoire qu'il remporta sur Roilas, qui après avoir passé le Danube venait, avec toutes les forces de la Scythie et de la Russie, renverser le trône Impérial jusque dans Constantinople, ne fut pas sans doute un effet des soins de Théodose, et si je l'ose dire, j'arrachais la foudre, d'entre les mains de Dieu, pour en écraser la tête de ce barbare car vous savez qu'il mourut d'un coup de tonnerre.

Oui, Flavien, Théodose me doit cette victoire aussi bien que celle qu'il remporta sur la caravane du roi des Perses qui, après s'être allié avec Alamondar, roi des sarrasins, avait formé une si puissante armée qu'il fallait, sans doute, une force plus qu'humaine, pour s'opposer à cette multitude innombrable d'hommes de diverses nations qui la composaient.

Cependant, une panique terreur s'étant mise dans ses troupes, elles se détruisirent d'elles-mêmes, et ce qui les devait rendre victorieuses fut ce qui les rendit incapables de vaincre. Oui, très prudent et très saint Flavien, j'ai fait servir les vents, les orages et le tonnerre à la gloire de Théodose. J'ai influencé le ciel de le protéger, et ses victoires, non sanglantes, qu'il a remportées ont été la récompense de la vertu que je lui ai enseignée. Vous savez qu'ayant deux ans de plus que lui, lorsqu'il parvint à l'empire, je pris soin de son éducation. J'avais l'honneur d'être sa sœur mais il était mon fils d'adoption, et vous n'ignorez pas de quelle façon j'ai toujours agi, depuis que Théodose m'eut fait la grâce de partager sa puissance avec moi et de m'associer à l'empire.

Se peut-il voir un règne plus heureux que le sien ? Y a-t-il un prince dans toute la terre, qui n'aime Théodose ou qui ne le craigne ? Quelqu'un se plaint-il de ma domination ? Mes conseils n'ont-ils pas été justes ou heureux ?

Non, sage Flavien, à parler raisonnablement des choses, j'ai faites autrefois grâce à Athénaïs, mais je n'ai jamais fait d'injustice à personne. Ne pensez pas néanmoins, par ce que je dis, que je veuille vous faire comprendre que l'impératrice soit indigne du trône. Non je ne détruirai point ce que j'ai établi, et je ne me trompais pas lorsque je crus voir, en elle, une vertu toute extraordinaire.

Athénaïs est sans doute un miracle de la nature, elle est née avec des avantages que je n'ai jamais vus qu'en cette personne et sa naissance était aussi grande que son esprit, et au lieu que d'avoir été élevée dans la solitude elle eût été nourrie dans la Cour, elle serait incomparable en toutes choses mais, pour son malheur, elle a commencé par où je m'en vais finir.

Il est, sans doute, plus aisé à ceux qui ont l'âme bien faite de vivre avec gloire dans la solitude, après avoir vécu dans le monde, que de passer de la solitude à la domination. Ceux qui ont su conduire des peuples tout entiers pourraient, sans doute, mener des troupeaux sans les égarer, mais tous ceux qui savent se servir d'une houlette, avec adresse, ne pourraient pas porter un sceptre avec honneur.

Enfin, tous les rois pourraient être bergers, mais tous les bergers ne pourraient pas être rois. Même les philosophes, qui s'établirent juges souverains de toutes les actions des hommes, qui se vantent de savoir ce que pèsent les couronnes, qui sont des républiques imaginaires, qui donnent des lois à toute la terre et qui forment des modèles, sur lesquels les plus grands princes doivent régler leur vie et leur domination. Ces hommes, dis-je, qui sont des rois si parfaits dans leurs écrits ne seraient pas aptes à régner.

Athénaïs m'en donne un parfait exemple ! Elle sait la philosophie, elle est fille d'un homme qui l'enseignait, elle est née avec toutes les inclinations nobles, elle sait tout ce qu'une personne de son sexe peut savoir, elle était sans ambition lorsqu'elle vint à la Cour, elle a l'esprit autant qu'on en peut avoir, cependant, parce qu'elle ne connaissait le monde que par les livres et que son expérience ne lui avait rien appris, sa simplicité lui a fait prêter l'oreille aux artifices de Crisaphius et l'a portée, sans doute, aux sentiments qu'elle a aujourd'hui pour moi.

Toutes ces choses, Flavien, n'étaient pas encore de ma connaissance lorsque j'allumais, dans le cœur de l'empereur, cette blâme qui me détruit aujourd'hui. Mais je sais bien, maintenant, qu'il faut une philosophie active pour savoir régner, que l'expérience est l'étude la plus effleurée des rois et j'ai bien compris par la mienne, qu'on ne peut être parfaitement sage qu'à ses dépens.

Et certes, je ne dois pas trouver étrange que l'impératrice fasse toutes choses, pour conserver le rang que je lui ai donné. Il lui est si avantageux que je m'étonne qu'elle ne fasse encore davantage.

Aussi, comme je vous l'ai déjà dit, le changement qui arrive, aujourd'hui, ne m'étonne ni ne m'afflige et je conserve encore tant d'affection pour Théodose et tant d'estime pour Athénaïs que, pour les empêcher de faire une faute publique, je veux moi-même me dépouiller de la puissance que j'avais. Abandonner Théodose à l'affection qu'il a pour l'impératrice et l'abandonner, elle-même, à son peu d'expérience et aux artifices de Crisaphius. Je ne sais, vénérable Flavien, si mes conjectures seront aussi fausses, en cette journée, qu'elles le furent lorsque je couronnai Athénaïs mais, si je ne me trompe, le règne de cette illustre personne Théodose et le peu d'expérience de l'impératrice me donnent de la compassion. Je la vois déjà, il me semble, consulter ses livres, sur le moindre événement inopiné. Mais, mon père, ses livres n'ont pas été faits pour notre siècle, et si elle n'a le jugement bien éclairé, ce qui était glorieux à Alexandre sera honteux à Théodose, ce qui le faisait aimer le fera haïr et ce qui le rendait redoutable le fera mépriser.

Effet de cette harangue

Ce discours, qui fut rapporté à Théodose, eut son effet en son temps aussi bien que l'avait eu celui de l'impératrice, et comme les choses ne prospèrent guère sous l'administration d'Athénaïs, Pulchérie fut rappelée, quatre ans après, au gouvernement qu'elle posséda avec beaucoup de gloire jusqu'à sa mort, après avoir fait trancher la tête de Crisaphius. Et la belle et savante Athénaïs, ennuyée des changements de la Cour, s'en retourna d'elle-même en Palestine où elle vécut et finit avec une sainteté merveilleuse.

SAPHO A ERINNE

Vingtième harangue

Argument

Vous allez entendre parler cette illustre femme dont tous les siècles ont tant parlé, que Platon même admirait, dont l'image a été gravée comme celle d'un grand peuple, dont il nous reste encore une espèce de poésie dont les vers sont appelés saphiques, à cause que ce fut elle qui en inventa la mesure et que deux grands hommes de l'Antiquité grecque et romaine ont appelée la dixième muse. Elle saisit l'occasion d'exhorter son amie à voir que les dames en sont capables et qu'elles ont tort de négliger une si agréable occupation. C'est l'argument de cette harangue que je donne en particulier à la gloire de ce beau sexe, comme en général je lui ai dédié tout ce volume.

154

Viens voir, en cette belle chose,
L'étonnement de l'Univers,
Mais souviens-toi que cette prose,
N'est pas si belle que ses vers.

Sapho à Erinne

Il faut, Erinne, il faut que je surmonte aujourd'hui dans votre âme, cette défiance de vous-même et cette fausse honte qui vous empêchent d'employer votre esprit aux choses dont il est capable. Mais il faut avant de vous parler de votre mérite, en particulier, que je vous fasse voir celui de notre sexe en général, afin que par cette connaissance je puisse atteindre plus aisément ce que je veux. Ceux qui disent que la beauté est le partage des femmes et que les beaux-arts, les belles-lettres et toutes les sciences sublimes et relevées sont de la sommation des hommes, sans que nous y puissions prétendre aucune part, sont également éloignés de la justice et de la vérité. Si la chose était ainsi, toutes les femmes seraient nées avec la beauté et tous les hommes avec une forte disposition à devenir savants, autrement, la nature serait injuste dans la disposition de ses trésors.

Cependant nous voyons, tous les jours, que la laideur se trouve dans notre sexe et la stupidité dans l'autre. Que s'il était vrai que la beauté fût le seul avantage que nous eussions reçu du Ciel, non seulement toutes les femmes seraient belles, mais je crois, encore, qu'elles le seraient jusqu'à la mort, que le temps respecterait, en elles, ce qu'il détruit à tous les moments et que, n'étant envoyées au monde que pour y faire voir leur beauté, elles seraient belles tant qu'elles seraient au monde.

En effet, ce serait une étrange destinée de survivre un siècle, à la seule chose qui pourrait nous rendre recommandables et, de ce grand nombre d'années qui nous conduisent au tombeau, n'en passer que cinq ou six avec gloire. Les choses, que la nature semble n'avoir faites que pour l'ornement de l'univers, ne perdent presque jamais la beauté qu'elle leur a une fois donnée.

L'or, les perles et les diamants conservent leur éclat aussi long-temps que leur être, et le phénix même, à ce que l'on dit, meurt avec sa beauté pour ressusciter avec elle. Disons donc, après cela, que puisque nous ne voyons point de roses ni de lys sur le teint des plus belles que la rigueur de quelques hiver, ne flétrit, que nous ne voyons point d'yeux qui, après avoir été plus éclatant que le soleil, ne se couvrent de ténèbres et qui, après avoir fait cent illustres conquêtes, ne se trouvent en état de n'voir presque plus que les con-quêtes des autres. Disons, dis-je, que puisque nous voyons que cha-que instant de la vie nous dérobe, malgré nous et malgré nos soins, les plus belles choses que nous ayons, que le temps emporte notre jeunesse, que ces filets d'or, où tant de coeurs se prennent, ne seront plus un jour que des filets d'argent et qu'enfin cet air de la beauté, qui se mêle si agréablement dans tous les traits d'un beau visage et où l'on voit paraître un rayon de la divinité, n'est pas assez fort pour vaincre les maladies, le temps et la vieillesse.

Conclusions, dis-je, qu'il faut par nécessité que nous ayons d'au-tres avantages que celui-là. Et, pour en parler raisonnablement, la beauté est en notre sexe ce que la valeur est en celui des hommes. Mais comme cette qualité ne les empêche pas d'aimer l'étude des belles-lettres, cet avantage aussi ne nous empêche point de les ap-prendre et de les connaître. Que s'il y a quelque différence entre les hommes et les femmes, que cela doit être seulement dans les choses de la guerre. C'est à la beauté de mon sexe de conquérir les coeurs et à la valeur et à la force des hommes de conquérir des royaumes. L'intention de la nature paraît si claire, en cette rencontre, qu'on ne peut s'y opposer, je consens donc que nous laissions prendre des villes, donner des batailles et conduire des armées à ceux qui sont nés pour cela, mais pour les choses qui n'ont besoin que de l'imagi-nation, de la vivacité de l'esprit, de la mémoire et du jugement, je ne saurais souffrir que l'on nous en prive.

Les hommes qui, comme vous savez, sont presque tous nos esclaves ou nos ennemis, même quand les chaînes que nous leur faisons porter leur semblent trop pesantes, ou que les ayant brisées ils sont les plus irrités contre nous, ne nous disputent pourtant point ni la beauté de l'imagination, ni la vivacité de l'esprit, ni la force de la mémoire mais, pour le jugement, quelques-uns ont l'injustice de soutenir qu'ils en ont plus que nous.

Je pense, toutefois, que la modération et la modestie de notre sexe font assez voir que nous n'en manquons point et, puis, s'il est vrai que nous possédions ces premiers avantages au souverain degré, il est presque impossible que nous ne possédions pas l'autre. Car si notre imagination nous montre les choses comme elles sont, si notre mémoire nous est comme il faut, comment notre jugement pourrait-il errer ? L'imagination, quand elle est vive, est un miroir si fidèle, l'esprit, quand il est illuminé, pénètre si profondément les choses et la mémoire, quand elle est heureuse et cultivée, instruit si puissamment par l'exemple qu'il est impossible que le jugement ne se forme pas. Croyez-moi, Erinne, quand la mer est calme, il est difficile de faire naufrage, le plus mauvais pilote peut entrer au port, et il n'est point d'accueils que l'on ne puisse éviter quand on le voit et que les vagues ne sont point émues. Et moi, je dois avouer que je ne comprends pas que ceux qui nous laissent l'imagination, l'esprit et la mémoire, en partage, puissent se vanter d'avoir plus de jugement que nous. Car le fait de penser que leur imagination ne leur montre pas les choses comme elles sont, que leur esprit ne les connaît pas parfaitement et que leur mémoire ne leur est pas fidèle, le fait, dis-je, de penser que sur des rapports si faux, leur jugement puisse agir équitablement ? Non, Erinne, cela n'est pas possible, et pour être plus raisonnables que quelques-uns d'entre eux, disons que, parmi eux et parmi nous, il y a des personnes qui ont, tout ensemble, de l'imagination, de l'esprit, de la mémoire et du jugement. Ce n'est pas que, si je le voulais, je ne puisse faire voir, par une induction forte et puissante, que notre sexe pourrait se vanter d'être plus riche des trésors de l'esprit que celui des hommes. Car considérez, Erinne, c'est un ordre presque universel que l'on voit entre tous les animaux qui vivent dans les bois et dans les cavernes. Vous verrez que ceux qui sont nés avec de la force et du cœur sont, bien souvent, peu adroits et peu intelligents et que les faibles pour l'ordinaire, ont un instinct plus puissant et sont plus près de la raison que ceux auxquels la nature a donné d'autres avantages. Vous jugez bien que, selon cet ordre, la nature, ayant donné plus de force et plus de courage aux hommes qu'aux femmes, doit aussi nous avoir donné plus d'esprit et plus de jugement. Mais, encore une fois, Erinne, accordons-leur qu'ils en aient autant que nous, pourvu qu'ils demeurent aussi d'accord que nous en ayons autant qu'eux. Vous me direz, peut-être, que quand du consentement de tous les hommes, il y eût obtenu cette déclaration, je ne pourrai pas encore persuader que la connaissance des belles-lettres soit bienséante à une femme puisque, par un usage que les hommes ont établi de crainte, peut-être, d'être surmontés par nous, l'étude nous est autant défendue que la guerre. Faire des vers est la même chose que donner des batailles, si nous voulons les croire et, pour tout dire, il semble que l'on ne nous permet que ce que l'on devrait plutôt nous défendre. Quoi, Erinne, nous aurions l'imagination belle, l'esprit clairvoyant, la mémoire heureuse, le jugement solide, et nous n'emploierions toutes ces choses qu'à friser nos cheveux et à chercher les ornements qui peuvent ajouter quelque chose à notre beauté ? Non, Erinne, ce serait abuser inutilement des faveurs que nous avons recueillies du Ciel. Celles qui sont nées avec des yeux à faire des conquêtes n'ont que faire de joindre l'artifice aux grâces de la nature, et ce serait donner un indigne emploi à l'esprit que de ne le faire agir, toute notre vie, qu'à de semblables occupations. On pourrait même dire que, si les choses étaient ordonnées comme il faut, l'étude des belles-lettres devrait plutôt être permise aux femmes qu'aux hommes. Car comme ils ont la conduite de l'univers, que les uns sont rois, les autres gouverneurs de provinces, quelques-uns sacrificateurs, les autres magistrats et tous, en général, maîtres de leurs familles, et par conséquent occupés ou aux affaires du public ou aux leurs en particulier, ils ont sans doute peu de temps à donner à cette sorte d'étude. Il faut qu'ils le dérobent à leurs sujets, à leurs amis ou à eux-mêmes mais, pour nous, notre loisir et notre retraite nous en donnent toute la facilité que nous pourrions souhaiter. Nous ne dérobons rien au public ni à nous-même, au contraire, nous nous enrichissons sans appauvrir les autres, nous illustres, et sans faire tort à personne, nous acquérons beaucoup de gloire. Il est bien utile, il me semble, puisque nous laissons la domination aux hommes, qu'ils nous laissent du moins la liberté de connaître toutes ces choses dont notre esprit est capable. Le désir du bien ne nous doit point être défendu et, par conséquent, ce n'est pas un crime de le pratiquer. Les Dieux n'ont rien fait d'inutile en toute la nature, chaque chose suit l'ordre qui lui a été donné, le soleil éclaire et réchauffe l'univers, la terre nous donne toutes ses richesses, les rivières arrosent nos prairies, les bois nous prêtent leurs société publique. Cela étant ainsi, pourquoi veut-on que nous soyons les seules rebelles et méconnaissantes envers les Dieux ? Pourquoi veut-on, dis-je, que notre esprit soit si indignement employé ou éternellement inutile ?

Quelle bienséance peut-il y avoir à mépriser ce qui est honnête et, pour quelle raison peut-on tomber d'accord que ce qui est infiniment louable en soi, devienne mauvais et condamné dès qu'il est en nous ? Ceux qui ont des esclaves les font instruire pour leur commodité et ceux que la nature ou l'usage nous ont donnés, pour maîtres, veulent que le bois éteigne, en nôtre âme, toutes les lumières que le Ciel y a mises et que nous vivions dans les plus épaisses ténèbres de l'ignorance.

Si c'est pour obtenir plus aisément notre admiration, ils n'arriveront pas à leur fin, puisque nous n'admirons point ce que nous ne connaissons pas. Que si c'est, aussi, pour nous rendre plus assujetties, ce sentiment n'est pas généreux, et s'il est vrai qu'ils aient quelque empire sur nous, c'est rendre leur domination peu glorieuse que de régner sur des stupides et sur des ignorantes. Vous me direz, peut-être, que tous les hommes ne nous sont pas si rigoureux et que quelques-uns consentent que les femmes emploient leur esprit à la connaissance des belles-lettres, pourvu qu'elles ne se mêlent pas de vouloir elles-mêmes composer des ouvrages. Mais que ceux qui sont de cette opinion se souviennent que, si Mercure et Apollon sont de leur sexe, Minerve et les Muses sont du nôtre.

159

J'avoue, néanmoins, qu'ayant autant reçu du Ciel que nous en avons, nous ne devons pas nous engager légèrement dans une semblable chose. La honte, par exemple, n'est pas de faire des vers mais de mal en faire et si les miens n'avaient eu le bonheur de plaire, si je ne les aurais jamais montrés deux fois. Cette honte ne nous est pas toutefois propre, et quiconque fait mal une chose, qu'il entreprend volontairement, mérite sans doute d'en être blâmé, de quelque sexe qu'il puisse être. Un mauvais orateur, un mauvais philosophe et un mauvais poète n'acquitteraient guère plus de gloire qu'une femme qui s'acquitterait de mauvaise grâce de toutes ces choses. Et de quelque sexe que l'on soit, on mérite répréhension quand on fait mal et beaucoup d'estime quand on fait bien. Mais pour donner quelque chose à l'usage et à la dépravation du siècle, laissez, Erinne, toutes ces sciences épineuses à ceux qui n'aiment à chercher la gloire que par des sentiers difficiles.

Je ne veux pas vous conduire en des lieux où vous ne voyez rien d'agréable, je ne veux pas que vous passiez toute votre vie, dans les importunes recherches de ces secrets qu'on ne trouve point, je ne veux pas que vous employiez tout votre esprit inutilement, à savoir en quel lieu les vents ont leur retraite, après avoir fait faire des naufrages et je ne veux pas, enfin, que vous consumiez le reste de vous jours, à philosopher indifféremment sur toutes choses. J'aime votre repos, votre gloire et votre beauté tout ensemble, je ne veux point, pour vous, de ces sortes d'études, le visage haut, qui mettent des rides sur le front et qui rendent l'humeur sombre et inquiète. Je ne veux point que vous fuyez la société ni la lumière, aux bords du Permesse. C'est là, Erinne, que je veux vous conduire, c'est là que vous me surpasserez aussitôt que vous y serez arrivée, c'est là que vous acquerrez une beauté que le temps, les années, les saisons, la vieillesse et la mort même ne pourront vous dérober et c'est là, enfin, que vous saurez parfaitement que notre sexe est capable de tout ce qu'il veut entreprendre.

Vous me direz, peut-être, qu'en voulant vous pousser à la poésie, je ne vous tiens pas ma parole puisque, dans les descriptions que l'on fait de ceux qui font des vers, il semble que la beauté ne peut

160

compatir avec les grimaces qu'on leur fait dire. Mais sachez, Erinne, que cela n'est qu'une invention des hommes qui ont voulu faire comprendre que, tout comme nous voyons ceux qui rendent les oracles être troublés par la présence du Dieu qui les fait parler, de même aussi la poésie, étant route divine, trouble ceux qui la pratiquent. Mais quand cela serait ainsi, vos yeux n'en seraient pas moins clairs car, comme quand l'oracle est rendu, le prêtre retrouve sa première tranquillité, vous n'aurez pas aussi sitôt quitté la plume que vous retrouverez vos premières grâces. Et puisse-je ne pas penser que vous ne remplissiez jamais votre esprit de si funestes images qu'il en puisse rejaillir quelque chose de funeste dans vos yeux. Vous serez maîtresse absolue des sujets que vous voudrez traiter, et de tant de beauté qui ont dans la nature, vous pourrez choisir celle qui touchera le plus votre inclination. La description d'un bois ou d'une fontaine, les plaintes d'un amant et d'une maitresse ou l'éloge de quelque vertu, vous donneront assez d'amples sujets de faire paraître les talents que le Ciel a mis en votre personne.

Vous êtes née avec de si glorieux avantages que vous seriez ingrate envers ceux qui vous les ont donnés, si vous n'en saviez pas bien user. Vous me demanderez, peut-être, s'il n'est pas assez glorieux à une belle femme que tous les beaux esprits de son temps fassent des vers à sa louange, sans qu'elle se mêle de faire elle-même sont portrait. Vous me demanderez, dis-je, si sa gloire n'est pas mieux établie de cette façon que de l'autre, mais j'aurais à vous répondre que, de quelques éloges que l'on vous puisse donner, il vous serait plus glorieux d'avoir fait des vers pour tous les illustres de votre siècle, si vous les faisiez mieux qu'ils ne vous les feraient, qu'ils en eussent tous fait pour vous.

Croyez-moi, Erinne, il vaut mieux donner l'immortalité aux autres que de la recevoir d'autrui et trouver sa propre gloire chez-soi que de l'attendre d'ailleurs. Les portraits que l'on ferait de vous de cette sorte, ne passeraient peut-être un jour, dans la postérité, que pour des tableaux faits à plaisir. On admirerait plus l'imagination des poètes que votre beauté et les copies, enfin, passeraient pour originaux.

Mais, si de votre propre main, vous laissez quelques marques de ce que vous êtes, vous vivrez toujours, avec honneur, en la mémoire de tous les hommes. Ceux de votre siècle, qui vous auront louée, passeront alors pour véritables et ceux qui ne l'auront pas fait pour stupides ou ennuyeux.

Je ne prétends pas, toutefois, que vous fassiez votre vertu, et de toutes les rares qualités qui sont en vous.

Non, je ne veux pas imposer une si dure chose à votre modestie. La poésie a bien d'autres privilèges, vous n'avez que faire de parler de vous, pour vous faire connaître à la postérité. Vous n'avez qu'à parler de bonne grâce et l'on vous connaîtra assez. Oui, Erinne, tant que vous n'emploierez votre plume qu'à blâmer des vices de votre siècle, on ne cessera pas de vous louer. Considérez donc encore une fois, je vous en conjure, combien est faible et bien durable, la réputation qui se fonde sur la beauté. De tout ce nombre infini de belles femmes, qui ont sans doute vécu dans les siècles qui ont précédé le nôtre, à peine avons-nous pu parler de deux ou trois seulement, et dans ces mêmes siècles. Nous voyons la gloire de notre sexe, nous voyons la gloire de plusieurs hommes, solidement établie, par les écrits qu'ils nous ont laissés. Faites, Erinne, que le temps, la vieillesse et la mort ne vous dérobent que des roses et n'emportent pas toute votre beauté.

Triomphez de ces ennemis, de toutes les belles choses, mettez-vous en état de soutenir, par votre exemple, la gloire de notre sexe, faites avouer, à nos communs ennemis, qu'il nous est aussi facile de vaincre, par la force de notre esprit que par la beauté de nos yeux, faites paraître votre jugement, par le mépris des sottises que le vulgaire dit de votre résolution, faites voir, à toute la terre, de si beaux tableaux de votre imagination, de si nobles efforts de votre esprit, de si beaux effets de votre mémoire et de si belles marques de votre jugement que, vous seule aviez l'avantage, d'avoir rétabli la gloire de toutes les femmes. Ne méprisez donc pas ce que je vous dis car si, par une fausse honte, vous ne vous décidiez point à me suivre et que vous fassiez consister toute votre gloire en votre beauté. On parlera de vous, comme si vous aviez été d'un autre siècle, et vous trouverez alors que j'aurais eu raison de vous dire, aujourd'hui, ce que je pense avoir dit, autrefois, dans quelques-uns de mes vers :

> *Les lys, les oeillets, les roses,*
> *Et toutes ces belles choses,*
> *Dont votre visage est peint,*
> *L'éclat des yeux et du teint,*
> *Tout perdra forme et matière,*
> *Et vous mourrez toute entière,*
> *Si pour vaincre la marque, et la fatalité,*
> *Vous n'allez pas de l'étude à l'immortalité.*

Effet de cette harangue

On ne peut pas dire que cette harangue n'eut point d'effet, si l'on prend les choses au pied de la lettre. Car il paraît bien, que celle à qui elle s'adressait laissa porter où l'on voulut, puisqu'une épigramme grecques nous a dit, qu'autant que Sapho surpassait Erinne en poésie lyrique, autant Erinne surpassait Sapho en vers hexamètres. Que si l'on s'éloigne du sens littéral, pour s'approcher de mes intentions, je serais bien glorieux, si je pouvais persuader, à nos dames, ce que cette belle lesbienne persuadait à son amie, plus encore, si je pouvais persuader, à toute la terre, que ce beau sexe est digne de notre admiration, afin qu'on lui consacre un jour des temples et des autels, comme je lui consacre, maintenant, l'arc de triomphe que j'ai élevé à sa gloire.

Fin

Autres ouvrages de l'auteur

Bibliographie

A Mgr le duc de Bourgogne, sur une introduction, madrigal.

Almahide ou l'Esclave reine, Mr. de Scudéry, A Courbé, I. Jolly, Billaine, Paris, 1660-1663.

A Pastoral, Londres, 1678.

Anecdotes de la cour d'Alphonse, onzième du nom, roi de Castille, Mme de V***, Amsterdam et Paris, Hochereau, 1756.

Artamène ou le Grand Cyrus, A. Courbé, Paris, 1650-1653.

Portrait d'Eléazar de Chandeville neveu de Malherbe, tiré du Cyrus de Mlle de Scudéry, Caen, imprimerie de Buhour, 1858.

Le Maure, au Roi, en lui envoyant le Petit Maure.

Aux habitants de Gironde, madrigal.

Les Bains des Thermopyles, Vᵛᵉ de P. Ribon et P.-J. Ribou, Paris, 1732.

Célanire, C. Barbin, Paris, 1671.

Célinte, nouvelle première, A. Courbé, Paris, 1661.

Clélie, histoire romaine, A. Courbé, Paris, 1656-1660.

CONVERSATIONS MORALES, I. De l'espérance, l'envie, la paresse, la tyrannie de l'usage, la colère, l'incertitude, II. De la haine, la discrétion, la jalousie, l'avarice, l'inégalité, la médisance, histoire et conversation d'amitié, Paris, sur le quai des Augustins, à la descente du Pont-neuf, Saint-Louis, 1686.

CONVERSATIONS NOUVELLES SUR DIVERS SUJETS, C. Barbin, Paris, 1684.

DISCOURS DE LA GLOIRE, P. Le Petit, Paris, 1671.

ENTRETIENS DE MORALE, J. Anisson, Paris, 1692.

ESPRIT DE MADEMOISELLE DE SCUDÉRY, Vincent, Amsterdam et Paris, 1766.

LES FEMMES ILLUSTRES, OU LES HARANGUES HÉROÏQUES, A. de Sommaville et A. Courbé, Paris, 1642.

MADELEINE DE SCUDÉRY, ISABELLE GRIMAL OU PRINCESSE DE MONACO, Avant-propos et notes du baron E. Seillière, Monde nouveau, Paris, 1923.

LETTRES DE MLLE DE SCUDÉRY A M. GODEAU, ÉVÊQUE DE VENCE, A. Levasseur, Paris, 1835.

LETTRES INÉDITES, Pierre Taisand. Paris, 1869.

MATHILDE, E. Martin, Paris, 1667.

LES YEUX DE MATHILDE D'AGUILAR, F. Fidelle, Villefranche, 1704.

HISTOIRE DE MATHILDE D'AGUILAR, M. Roguet, la Haye, 1736.

NOUVELLES CONVERSATIONS DE MORALE. Vve de S. Mabre-Cramoisy, Paris, 1688.

LA NYMPHE DE SEINE AU FLEUVE DU RHIN, Madrigal-Cadomi, apud, J. Cavelier.

LA PROMENADE DE VERSAILLES, (Histoire de Célanire), C. Barbin, Paris, 1669.

Table

Ethnographie

Milagros Palma, *La femme nue
ou la logique du mâle*, Traduit de l'espagnol par
Marianne Millon, 175 p.

Recherches
(à paraître 1991)
Nicole-Claude Mathieu, *L'Anatomie politique*,
(Catégorisations et idéologies du sexe), 285p.